职业院校课程改革"一体化"系列教材（财会类）

实战型商品经营
综合实训指导教程

主　编　何德显　朱政如　刘　宁

电子工业出版社

Publishing House of Electronics Industry

北京·BEIJING

内 容 简 介

本书以商品经营贸易为引领,以批发商品交易过程导向为主线,在商品经营、市场营销、物流、会计、电子商务、金融、税收和经营管理等课程的基础上进行了重新整合,创建了"实战型商品经营综合实训"课程,具有较强的职业针对性和适应性。本书通过实战型商品经营综合实训,使学生了解商品经营的市场环境和市场运作规则,掌握商品购销业务决策和商品购销业务处理的基本知识、基本方法和实务操作技能。本书内容包括概述、购销业务决策、购销业务处理、其他业务处理。在综合实训过程中,购销业务均在互动中产生,购销业务处理均以原始凭证为载体,各种原始凭证的设计在符合企业内部控制制度的基础上,力求与当前企业实际工作相一致,以增强学生的感性认识和职业的适应性。

本书可作为职业院校经贸类专业的教学用书,也可作为各种形式的培训用书。

图书在版编目(CIP)数据

实战型商品经营综合实训指导教程/何德显,朱政如,刘宁主编. —北京:电子工业出版社,2015. 8
ISBN 978-7-121-26586-0

Ⅰ.①实… Ⅱ.①何… ②朱… ③刘… Ⅲ.①商业经营-中等专业学校-教材 Ⅳ.①F715

中国版本图书馆CIP数据核字(2015)第155838号

策划编辑:徐 玲
责任编辑:徐 玲
印   刷:北京虎彩文化传播有限公司
装   订:北京虎彩文化传播有限公司
出版发行:电子工业出版社
　　　　　北京市海淀区万寿路173信箱　　邮编　100036
开   本:787×1092 1/16   印张:10.75   字数:275.2千字
版   次:2015年8月第1版
印   次:2019年12月第6次印刷
定   价:40.80元

凡所购买电子工业出版社图书有缺损问题,请向购买书店调换。若书店售缺,请与本社发行部联系,联系及邮购电话:(010)88254888,88258888。
质量投诉请发邮件至zlts@phei.com.cn,盗版侵权举报请发邮件至dbqq@phei.com.cn。
本书咨询联系方式:xuling@phei.com.cn。

前　言

为了提高学生商品经营管理的实务操作技能和职业综合能力，提高职业教育教学质量和教学效果，针对职业院校经贸管理类专业，我们大胆创新，将商品经营、市场营销、物流、会计、电子商务、金融、税收和经营管理等经贸类相关专业课程的知识进行整合，组织编写了《实战型商品经营综合实训指导教程》一书，将现实社会中的"商品流通市场"以"商品交易会"的形式搬到校园，移到课堂。

实战型商品经营综合实训以国内现行商品流通市场的商品交易活动为背景，按照现行市场运作规则，创设一个在商品流通企业之间进行批发商品交易的虚拟商品流通市场，并辅以物流、银行等相关单位，协调完成一个集购销业务决策和购销业务处理于一体的完整工作流程，体现商品经营贸易的综合性。

本书具有以下特点。

1．将经贸类多个不同专业组合在一起，体现了实训的综合性。该实训活动由多家商品流通企业、物流企业、银行营业机构和代理公司组成，各公司内部由采购业务、销售业务、仓储管理、出纳、会计及相关部门主管人员等岗位组成，可以将会计、物流、商品经营、市场营销、电子商务等经贸类专业按照工作性质组成一个企业（单位），由学生担任不同的岗位角色，完成不同的工作。

2．以"利润"等工作业绩为导向，经济业务通过互动产生。通过参与市场询价、业务洽谈等市场经营决策活动达成交易，产生经济业务，获取利润，学生的"成就感"油然而生，激发学生学习兴趣和参与的积极性、主动性，活跃学习气氛。

3．实现商流、物流、资金流的有机结合。根据市场的运行规则和市场营销原理进行设计和运作，商品购销业务处理过程均以凭证和商品实物（商品的模块）为载体，通过银行进行资金结算，整个实训活动与现行企业基本一致，业务处理过程"真实"、形象、逼真。

4．知识综合性强。以商品流通企业商品交易活动的市场运行环境为基本框架，以商品交易活动工作过程为导向，以职业活动的工作任务为中心，融市场营销、企业经营与管理、经济法、税法、商品学、财务会计、银行会计、企业理财、物流运输等基本知识于一体。

5．构建了"基于工作过程互动式"的教学模式。根据虚拟商品流通市场环境和商品交易活动工作过程，构建了能真实反映商品流通企业各岗位人员工作情境和工作过程的"基于工作过程互动式"的教学模式，实现了"教、学、做一体化"，学生在教师的指导下通过"完成工作任务"掌握基本技能和基本知识，改变了过去经贸类专业校内课堂实训教学中机械的、被动的、不理解的"布置作业式"的尴尬局面。

6．综合实训可以以竞赛形式进行。为了激发学生的学习兴趣和参与的积极性，我们制定了商品经营活动过程评分办法，供开展竞赛活动做参考。

本书配有实训手册，便于与教材同步训练。

为了便于开展综合实训（模拟商品交易会形式），本书还配有电子教案和两套综合实训的期初科目余额表（见附录A）、库存商品期初结存明细表（见附录B）、客户求购订单明细表（见附录C），供综合实训使用，请有此需要的老师登录华信教育资源网（www.hxedu.com.cn）

下载或与电子工业出版社联系，我们将免费提供（E-mail：hxedu@phei.com.cn）。

本书可作为职业院校商贸、管理类专业实战型商品经营实务综合实训的指导用书，也可以作为各种形式的培训用书。

教学时间安排建议如下：

序 号	项 目	内 容	理论学时	实训学时	合 计	备 注
1	项目一	概述	4		4	
2	项目二	购销业务决策	6	6	12	
3	项目三	购销业务处理	10	14	24	
4	项目四	其他业务处理	8	12	20	
5		综合实训		60	60	2周
	合 计		28	92	120	

本书由何德显、朱政如、刘宁担任主编，由韦杰梅、李邕屏、罗涛、莫燕桦、滕绍军、胡艳玲担任副主编。参加本书编写的人员还有（以姓氏笔画为序）：何小妹、张丽珍、张秋霞、杨美秋、杨长红、陈鹏、陈贵南、陆昊民、陆莹颖、邹丽兰、黄冬英、潘玉艳、潘浩滨。

在编写过程中，还得到了许多专业教师、职教专家、企业专家、行家的指导和帮助，在此无法一一列出，谨向他们表示诚挚的谢意。

由于编写人员水平有限，书中疏漏与错误在所难免，恳请读者批评指正。

编 者
2015年8月

目　录

项目一　概　述

 引言

　　本教程所提及的商品经营综合实训是指商品经营贸易的综合性的实践教学活动，其涉及面广、综合性强。实训内容涵盖了商品的购、销、运、存的经营管理全过程；实训岗位涉及商品流通企业、物流企业、银行等单位的相关工作岗位，如业务员、仓库保管、会计、出纳及部门主管人员等。

　　商品流通市场有广义和狭义之分，广义的商品流通市场是指商品流通的领域，是市场体系，是商品交换关系的总和，是由社会上千千万万个为了买和卖某些商品的所有买主和卖主群体所构成的。狭义的商品流通市场是指买卖双方进行商品交换的场所。商品流通市场是商品经济运行的载体，商品经营贸易依赖于商品流通市场来实现。

　　本教程所提及的"商品流通市场"是指介于广义与狭义之间的市场，是以国内现行商品流通市场的商品交易活动为背景，按照现行市场运作规则，在多家存在着提供商品和具有购买欲望和购买能力的商品流通企业之间进行批发商品交易，构建了实战型的校内商品经营综合实训的实践教学场所——模拟商品交易会，可以说是广义市场的一个缩影。

任务一　商品经营综合实训总体框架

学员任务

　　了解商品经营综合实训的市场环境、构成及其运行的总体框架，进而了解课程的教学内容，明确学习目标。

一、商品经营综合实训功能设计总体目标

　　1. 存在可供交换的商品。
　　2. 存在多家提供商品的卖方和多家具有购买欲望和购买能力的买方。企业的商品销售和商品采购均有广泛的选择性和竞争性，即每个企业库存的同一商品可以销售给多家企业，也可以从多家企业采购到所需求的同一商品。

3．商品流通企业是自主经营和自负盈亏的经济实体。企业可以在"市场"上自由交易，商品交易"成交价格"由购销双方通过"业务洽谈"来确定。

4．以"利润"指标为导向，每个企业都可以通过组织商品销售和商品采购活动获取盈利。

5．每个企业都有相关固定费用开支，如折旧费、职工薪酬等，企业必须通过组织商品购销活动获取毛利，以弥补企业的各项固定费用，只有不亏本，才能实现盈利。

6．企业在组织商品购销活动过程中会发生相关的变动费用开支，如运输费用等，企业在组织商品销售和商品采购过程中，必须进行成本测算和目标利润测算，才能掌握每笔生意的盈亏状况。

7．商品流通企业营运中资金活动的轨迹满足"货币→商品→货币"；实物转移符合物流运作规则。

二、商品经营综合实训模拟市场的构成

市场是某种商品需求的总和，是买主、卖主力量的集合。根据功能设计总体目标的要求，商品经营综合实训主要由多家商品流通企业构成，每个企业都具有一定商品的购买欲望和购买力，都可能成为买主；每个企业都具有一定商品的库存可供销售，也都可能成为卖主。

商品流通企业是商品经营贸易的主体，主要从事商品购销活动。商品流通企业开展商品购销活动过程中，各项工作任务必须由购销双方及企业内部的各个部门、各个岗位人员共同协调完成，同时还需要银行、物流等单位的各部门、各岗位人员的共同配合才能完成。

为了提高商品流通企业之间商品购销活动的系统性、完整性，商品经营综合实训还设置了物流企业（以下简称"运输公司"）、银行营业机构（以下简称"银行"）、代理公司等，作为配套辅助机构和服务机构，体现商品购销活动的系统性和完整性。

三、商品经营综合实训运行的总体框架

商品经营综合实训是商品流通企业开展商品购销活动的场所，其运行的总体框架如图1-1所示。

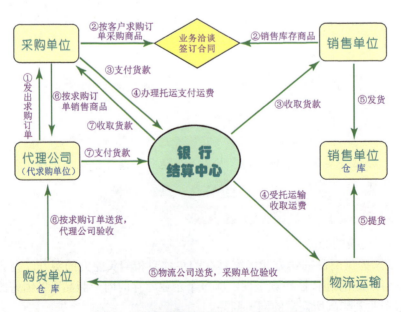

图1-1　商品经营综合实训运行的总体框架

小提示

①代理公司（求购单位群的总代理）向商品流通企业发出求购订单。

②采购单位根据求购订单的要求采购商品，通过选择并与销售单位进行业务洽谈，签订合同。

③采购单位支付货款；销售单位收取货款。

④购货单位办理货物托运、支付运费；运输公司受托运输、收取运费。

⑤运输公司提货、送货；购货单位验收商品。

⑥购货单位按照求购订单的规定将采购完成的商品销售给代理公司；代理公司验收商品。

⑦代理公司支付货款；收款单位收取货款。

任务二　商品经营综合实训的组建与运行程序

学员任务

了解商品经营综合实训的市场组建及其运行的基本程序，进而了解课程的内容结构及教学过程中的相关假设。

一、商品经营综合实训的组建

商品流通市场是以商品流通企业为主体，以商品购销活动为主要内容。商品流通企业在开展商品购销活动过程中，还需要通过银行、物流等行业、部门共同配合才能完成。因此，除设置商品流通企业，还需要设置运输公司、银行、代理公司等，作为配套的辅助机构，体现商品购销活动的系统性和完整性。

（一）商品经营综合实训的企业及相关辅助机构设置

根据综合实训活动的设计要求及便于成绩考核的需要，设置商品流通企业、运输公司、银行、代理公司，并对每个公司进行编号。

1. 商品流通企业以8个单位为一组，可以有n组：

第一组的编号依次为101，102，103，…，108；

第二组的编号依次为201，202，203，…，208；

……

第n组的编号依次为n01，n02，n03，…，n08。

教材中的案例以001，002，…，008表示。

2. 运输公司的编号依次为：

运输一

运输二

……

3. 银行的编号依次为：

银行一

银行二

……

4.代理公司的编号依次为：

代理一

代理二

……

（二）公司组建及人员安排

在实训活动开始前，应根据参加实训的专业、班级和人数情况进行分组。实训活动一般由会计和非会计的经贸类专业参与，规模可大可小、人数可多可少，灵活机动，一次可以安排50～1 000人甚至更多的人参加，规模越大，竞争性越强。

二、商品经营综合实训的运行程序

商品经营综合实训的企业主体是多家商品流通企业，企业的目的是通过商品购销活动赚取毛利，获取利润。

商品经营综合实训每个商品流通企业都有一定商品的客户求购订单（见附录D "客户求购订单明细表"），并具有一定的资金（见附录A "商品流通企业期初科目余额表"）和筹集资金的能力，企业可以通过参与商品经营贸易的其他商品流通企业采购到 "客户求购订单明细表"中的商品来满足求购客户的需要，以赚取毛利，获取利润；同时，每个商品流通企业都有一定量的 "库存商品"（见附录B "各单位库存商品期初结存明细表"），企业可以通过将库存商品销售给参与商品经营贸易的其他商品流通企业，以赚取毛利，获取利润。因此，每个企业既有购买欲望又有购买能力，都可能成为买主；每个企业都有销售动机并具有商品的可供资源，都可能成为卖主。这就给商品交易会的运行提供了前提条件。

知识链接

① 附录A "商品流通企业期初科目余额表"是各单位资产、负债、所有者权益期初余额情况，各单位应在此基础上进行营运。如每个单位都有一定金额的银行存款，企业可以用于支付货款、运费，不足时再向银行借款。

② 附录B "各单位库存商品期初结存明细表"是各单位库存商品期初结存情况，各单位应在此基础上，按照规定的税费标准，测算目标销售价格，通过市场询价、业务洽谈，将库存商品销售出去，以获取盈利。

③ 附录C "客户求购订单明细表"是各单位的客户向本单位求购商品的信息，各单位应在此基础上，按照规定的税费标准，测算目标进货价格，通过市场询价、业务洽谈，购进商品，然后按订单中的价格销售给求购客户（实训中为 "代理公司"），以获取盈利。

④ 附录中的 "001～008"是单位编号，不同编号的单位，其数据资料不同，教材中的案例均采用该编号形式。在综合实训中，将改为 "101、102"等形式。

⑤ 在综合实训中，附录A、附录B、附录C的数据资料另发，与教材的数据资料不同[①]。

（一）购销价格测算、市场询价、业务洽谈、签订合同

1. 采购价格测算、挂牌求购

（1）采购业务员根据本公司客户求购订单的资料及实训规定的税费标准（见任务四"相关税费标准及有关规定"，以下简称"税费标准"）测算保本进货价、目标进货价。具体方法见项目二中的任务二"采购业务决策"。

（2）业务主管和财务人员复核。

（3）业务员对外挂牌求购、参与市场询价和采购业务洽谈活动。

2. 销售价格测算，挂牌销售

（1）销售业务员根据本公司期初库存商品资料及税费标准测算保本销售价、目标销售价并确定挂牌价。具体方法见项目二中的任务三"销售业务决策"。

（2）业务主管和财务人员复核。

（3）业务员对外挂牌销售、参与市场询价和销售业务洽谈活动。

3. 签订合同

经购销双方协商一致后，签订买卖合同，然后据以办理购销业务手续。签订买卖合同的具体方法参阅项目二中的任务四"签订合同"。

（二）办理购销业务

购销业务处理是购销双方签订合同后，办理商品购销业务的具体处理过程，必须由购销双方的业务、财务、保管等部门相关岗位人员及银行、运输等单位的相关岗位人员共同配合才能完成。

（1）销售单位办理销售手续。

买卖合同签订后，销售单位应按要求办理商品销售的有关手续，包括填制商品出库单、收取货款、开具增值税专用发票、发出商品、编制记账凭证、登记账簿、编制"商品销售利润核算表"等。

办理销售手续的具体方法见项目三中的任务二"销售业务处理"；编制商品销售利润核算表的具体方法见项目三中的"编制商品销售利润核算表"。

（2）采购单位办理购货手续。

买卖合同签订后，购货单位应按要求办理商品购进的有关手续，包括支付货款、索取增值税专用发票、办理商品运输（含支付运费、索取运输发票）、办理商品入库手续、编制记账凭证、登记账簿等。

办理购货手续的具体方法见项目三中的任务三"采购业务处理"。

（3）销售给代理公司和代理公司收购商品。

销售给代理公司是指各商品流通企业按照代理公司（代求购单位）发出的求购订单将商品采购完成后，将采购完成的商品按规定销售给代理公司，以收回资金、赚取毛利、获取利润。

---

① 综合实训是以"模拟商品交易会"的形式（一周或两周）进行集中实训，届时，各公司的库存商品信息、客户求购信息都是保密的。因此，我们按附录A、附录B、附录C的格式，另备两套与教材附录不同的期初科目余额、库存商品信息、客户求购信息，供综合实训使用。如果实训的时间是两周，就每周用一套。如果是竞赛，每次都需要重新设计。

① 销售单位办理销售手续。包括填制商品出库单、开具增值税专用发票、送货、收取货款、编制记账凭证、登记账簿、编制商品销售利润核算表等。

② 代理公司办理收购商品手续。包括办理商品入库手续、索取增值税专用发票、支付货款、编制记账凭证、登记账簿等。

销售给代理公司和代理公司收购商品的具体方法见项目四中的任务三"代理业务处理"。

（三）期末库存商品盘点

商品交易活动期末，各商品流通企业（含代理公司，下同）要进行一次全面的库存商品盘点，包括账账核对、账实核对和编制"商品盘点明细表"等。

期末库存商品盘点的具体方法见项目四中的任务五"期末库存商品盘点"。

任务三　商品流通企业及辅助机构内部岗位职责

学员任务

了解商品经营综合实训的经营主体企业及相关辅助结构的内部结构设置、岗位设置及其职责分工。

一、商品流通企业内部职能部门及岗位职责

（一）企业内部岗位设置

商品流通企业开展商品购销活动的工作内容主要有成本测算、业务洽谈、合同签订、商品运输、款项收付、会计账务处理、账簿登记等，主要涉及企业内部的采购、销售、保管、会计、出纳等岗位人员，在实训中，商品流通企业内部主要设置业务部门、仓库管理部门、财务部门等与商品购销活动有直接关联的部门，各个部门设置相应的工作岗位。

内部职能部门岗位设置如图1-2所示。

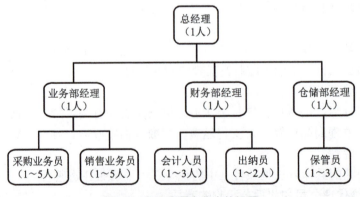

图1-2　商品流通企业岗位设置

知识链接

在实际工作中，企业内部机构很多，如办公室、人事、教育、劳动工资、财务、业务、仓储、后勤等，但商品购销活动主要由业务、财务、仓储等部门来完成。

（二）企业内部岗位职责

商品流通企业各岗位的主要职责如下。

总经理：负责公司全面工作，主要包括商品购销价格的最终审定、商品买卖合同的审核、款项支付的最终审批和公司日常运作与管理等。在公司人数较少的情况下，总经理可以兼任其他岗位工作。

业务部经理：负责业务部门的全面工作，主要包括商品购销价格的审核、商品买卖合同的审核、款项支付的初步审批和部门日常运作与管理等。在部门人数较少的情况下，业务部经理可以兼任其他业务岗位工作。

财务部经理：负责财务部门的全面工作，主要包括商品购销价格的审核和监督、款项支付的审核、资金筹集和部门日常运作与管理等。在部门人数较少的情况下，财务部经理可以兼任会计岗位工作。

仓储部经理：负责仓储部门的全面工作，主要包括商品收发的审核和部门日常运作与管理等。在部门人数较少的情况下，可以兼任保管员岗位工作，或不设仓储部经理。

采购业务员：负责商品采购业务，主要包括采购成本测算、业务洽谈、签订合同、办理采购业务、委托运输业务、登记商品进销存账等。

销售业务员：负责商品销售业务，主要包括期初建账（业务进销存账）、销售成本测算、业务洽谈、签订合同、办理销售业务、登记业务进销存账、编制商品销售利润核算表、编制商品盘点明细表等。

会计人员：负责会计业务，包括期初建账（总账、库存商品明细账）、货款结算、开具发票、经济业务活动的审核和监督、会计账务处理、登记会计账簿、编制商品盘点明细表等。

出纳员：负责出纳业务，包括期初建账（银行存款日记账）、办理款项收付业务、银行借款业务、登记银行存款日记账、与银行对账等。

仓库保管员：负责商品保管和收发业务，包括期初建账（实物保管账）、商品入库的验收、商品保管、商品发货、登记实物保管账、实物盘点等。

知识链接

在实际工作中，岗位设置应与企业规模相适应。一般情况下，规模较大的企业设副总经理若干名，相关部门副经理若干名。

二、运输公司内部岗位设置及岗位职责

运输公司设置业务员、会计人员、出纳员和提运员各若干名。具体职责分工如下。

业务员：根据托运单位的托运要求接洽托运业务，填制、审核托运单等。

会计人员：根据经审核的托运单收取运费，开具货物运输发票及会计日常工作（如会计账务处理）等。

出纳员：负责办理款项收付、登记银行存款日记账、与银行对账等工作。

提运员：负责办理商品的提取、运送等工作。

三、银行内部岗位设置及岗位职责

银行营业机构设置行长一人、信贷员一人，营业员、审核人员各若干人。具体职责分工如下。

行长：负责贷款审批业务、协调各项业务等工作。

信贷员：负责贷款业务的调查、核对和初步审批业务。

营业员：负责办理各单位的款项收付结算、办理贷款的发放和收回业务；登记各公司存款、贷款明细账；与各开户单位对账等业务。

审核人员：负责审核各项款项收付、贷款发放和收回业务。

四、代理公司内部岗位设置及岗位职责

在本实训中，代理公司是客户求购的总代理，是代购业务的中介机构，负责向各个商品流通企业发布"商品求购订单"信息、按"商品求购订单"的规定收购商品业务。

代理公司设置业务员、会计人员、出纳员、保管员各若干名，具体职责分工如下：

业务员：负责"商品求购订单"信息发布，审核各公司交来的按"商品求购订单"购进商品的真实性，根据各公司交来的商品，按"商品求购订单"的要求核对、收购商品，办理收购和入库的相关手续、登记业务进销存账、编制商品盘点明细表等。

会计人员：负责收购业务及其相关票据的审核；办理款项收付的相关手续；会计日常工作和会计账务处理等。

出纳员：负责办理款项的收付、登记银行存款日记账、与银行对账等。

保管员：负责办理商品入库和商品保管工作、登记实物保管账、实物盘点等。

任务四　相关税费标准及有关规定

根据现行法律法规规定，结合商品经营实训的实际情况，本着精打细算、厉行节约、增加盈利的经营理念，对商品经营实训过程中所涉及的税费及相关事项做以下规定。

一、税费标准

1. 一般商品经营增值税税率：13%。

2. 货物运输业增值税税率：9%。

3. 城市维护建设税税率：7%。

4. 教育费附加：3%。

5. 企业所得税税率：25%。

知识链接

增值税是以商品（含应税劳务，下同）在流转过程中产生的增值额作为计税依据而征收的一种流转税。从计税原理上说，增值税是对商品生产、流通、劳务服务中多个环节的新增价值或商品的附加值征收的一种流转税。增值税是价外税。

增值税纳税人分为一般纳税人和小规模纳税人。

增值税一般纳税人采用税款抵扣办法，根据销售商品或提供劳务的销售额，按规定的税率计算出应缴纳的增值税税款（销项税额），然后扣除取得该商品或提供劳务时所支付的准予抵扣的增值税税款（进项税额），其差额就是增值部分应缴纳的税额。计算公式如下：

应纳税额 = 销项税额 － 进项税额

销项税额 = 销售额 × 适用税率

如果销售额是含税的，应该将其换算为不含税销售额，换算公式为：

不含税销售额＝含税销售额÷（1＋适用增值税税率）

准予从销项税额抵扣的进项税额主要包括以下项目：

① 从销售方取得的增值税专用发票上注明的增值税额；

② 从海关取得的完税凭证上注明的增值税额。

增值税一般纳税人的增值税率有13%、9%、6%、0%，具体说明如下：

（1）适用13%税率的主要包括销售货物、提供加工、修理修配劳务、有形动产租赁服务以及进口货物。

（2）适用9%税率的主要包括交通运输、邮政、基础电信、建筑、不动产租赁、销售不动产、转让土地使用权；粮食等农产品、食用植物油、食用盐；自来水、暖气、冷气、煤气、液化气等；图书、报纸、杂志等；饲料、化肥、农药、农机、农膜等。

（3）适用6%税率的主要包括提供销售服务、销售无形资产。

（4）适用0%税率的主要有出口货物、境外销售服务、境外销售无形资产。

二、费用标准

1. 职工薪酬

（1）平均每人月工资2 500元，不足一个月按一个月计算。

（2）职工福利费为14%。

（3）工会经费为2%。

（4）职工教育经费为2.5%。

（5）养老保险20%，失业保险2%，医疗保险8%，工伤保险0.5%，生育保险0.6%。

（6）住房公积金为12%。

2. 固定资产折旧

月综合折旧率为5‰，不足一个月按一个月计算。

3. 仓储费用

按库存商品平均余额的5‰计算，计算公式如下：

库存商品平均余额＝（库存商品期初余额＋库存商品期末余额）÷2

仓储费用＝库存商品平均余额×5‰

4. 利息费用

（1）银行短期借款日利息率为1‰（按实际交易日计算）。

（2）银行活期存款年利息率为7.2‰（按实际交易日计算）。

5.运输费用

单位商品运输费率：每千米按含税价格的0.4‰计算。

6.发出商品的计价方法

发出商品的计价方法统一采用个别计价法。

三、其他相关规定

（1）交货地点：统一规定为供货方仓库。

（2）运输方式：公路运输。

（3）交货方式：用户自提（运输费用统一由购货方负担）。

（4）交易时间：按实训活动实际的年、月、日。

（5）各商品流通企业之间的相对距离（货物运输里程）如表1-1所示。

（6）实训中，各种票据、表格的"单价"是否含税的说明如表1-2所示。

表1-1　商品流通企业之间的相对距离表

距离 \ 单位	n01	n02	n03	n04	n05	n06	n07	n08
n01		180	100	170	130	50	90	50
n02	180		110	50	130	190	90	130
n03	100	110		130	140	140	50	80
n04	170	50	130		80	170	80	120
n05	130	130	140	80		90	90	80
n06	50	190	140	170	90		100	60
n07	90	90	50	80	90	100		40
n08	50	130	80	120	80	60	40	

表1-2　实训中各种票据、表格的"单价"是否含税的说明

名　称	是否含税	说　明
买卖合同	含税	按双方协商一致的成交价
出库单	含税	按合同价
增值税专用发票	不含税	按出库单单价换算为不含税单价
入库单	不含税	按购进时取得的增值税专用发票中的单价
单位库存明细表	不含税	
客户求购订单明细表	含税	
商品销售利润核算表	不含税	
商品盘点明细表	不含税	按商品（实物）进销存账的单价
商品收购登记表（代理公司）	含税	
商品求购信息表	含税	小于等于目标进货价，四舍五入到整数
商品供应信息表	含税	大于等于目标销售价，四舍五入到整数

小提示

① 在费用标准的设计中，既要考虑与社会现实相衔接，又要考虑实训的特殊性需要，比如，在银行贷款利率的设计中，为了增强学生的成本核算观念，鼓励学生勤借勤还，规定了银行贷款日利息率为1‰（按实训活动的实际交易日），比现行利率高3～4倍。

② 在实际工作中，商品交接方式有提货制、送货制和发货制，运输费用可以由采购方负担，也可以由销售方负担。为便于成绩考核，在实训中，运输费用统一由购货方负担。

③ 代理公司按"客户求购订单"规定收购的商品，统一不办理运输，不支付运输费用。

④ 本实训中的"含税"均指含增值税；不含税均指不含增值税。

四、购销业务决策费用参考标准

商品流通费用是商品流通企业在采购、运输、保管和销售商品的过程中，所支出的各项费用，包括销售费用、管理费用和财务费用。为了提高商品经营实训活动的可行性，特将商品流通费用分为运输费用和其他流通费用，在实训中，其他流通费用是指除运输费用以外的其他商品流通费用。同时，规定了综合费率标准，作为购销业务决策的参考标准。

1. 运输费用

货物运输费用，每千米按含税价格的0.4‰计算。计算公式如下：

单位商品运输费用＝商品含税单价×0.4‰×运输里程(千米)

2. 其他流通费用

①在进行采购业务决策时，按客户求购订单价格的8‰综合费率计算。计算公式如下：

单位商品其他流通费用＝客户求购订单单价×8‰

②在进行销售业务决策时，按库存商品价格的1.2%综合费率计算。计算公式如下：

单位商品其他流通费用＝库存单价×1.2%

3. 目标利润

参考目标利润率：2%～5%。

项目二　购销业务决策

引言

　　购销业务决策是商品购销活动的重要前提，包括采购业务决策和销售业务决策。

　　购销业务决策的核心是价格决策，作为销售方，要根据库存商品信息正确测算保本销售价格、目标销售价格，并围绕目标销售价格与采购客户进行洽谈，选择能使公司获得较大盈利的采购商进行销售；作为采购方，则要根据客户求购订单信息正确测算保本进货价、目标进货价，并围绕目标进货价格与供货客户进行洽谈，选择能使公司获得较大盈利的供应商进行采购。

任务一　购销业务决策总体框架

学员任务

　　了解实战型校内商品经营综合实训中，商品流通企业的主要任务及其购销业务决策的基本流程。

　　在实战型的商品经营综合实训活动中，商品流通企业的主要任务：一是将企业的库存商品（见附录B"各单位库存商品期初结存明细表"）销售出去，以赚取毛利、获得利润；二是按客户求购订单（见附录C"客户求购订单明细表）的要求，从市场上采购商品，然后销售给求购客户（代理公司），以赚取毛利、获取利润。因此，每个商品流通企业既可能成为商品销售方，也可能成为商品采购方。购销业务决策流程如图2-1所示。

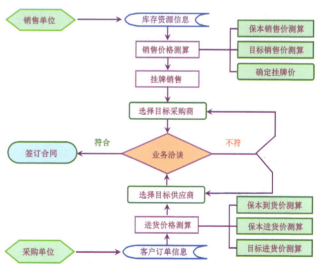

图2-1　购销业务决策流程

任务二 采购业务决策

学员任务

根据"客户求购订单明细表"（见附录C）中的要求进行采购业务决策，包括保本到货价、保本进货价、目标进货价的测算及市场询价、业务洽谈等采购决策过程。

一、采购业务决策的基本程序

采购业务决策的核心是采购价格的决策，采购价格决策主要是测算采购成本和目标利润，采购成本包括买价、运输费用和其他流通费用，根据有关费用标准和相关规定，可以采用简化的倒算方法估算保本进货价，即在已知客户求购订单价格的情况下，根据有关费用标准估算保本到货价格，然后再根据供货单位的运输里程计算运输费用，扣除运输费用后就是保本的进货价格，再扣除一定的目标利润即为目标进货价。在此基础上寻找供货商进行业务洽谈，双方协商一致后，签订买卖合同，双方协商不一致的，放弃，寻找下一家供应商。采购业务决策的基本流程如图2-2所示。

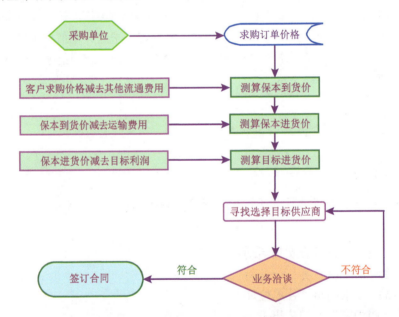

图2-2 采购业务决策的基本流程

二、采购业务决策的基本方法

（一）测算保本到货价（含税）

保本到货价（含税）是指商品运到公司仓库的保本价格，由购进价格（买价，下同）、运输费用和其他流通费用构成。测算公式如下：

保本到货价（含税）

　　　＝客户求购价格－其他流通费用（含税）

　　　＝客户求购价格－其他流通费用（不含税）×（1＋增值税税率）

　　　＝客户求购价格－客户求购价格×8‰×（1＋16%）

14

【例2-1】

【业务内容】测算保本到货价。

【情景】006公司的客户求购订单明细表中，西口牌（KK19V61TI）电冰箱的客户求购数量为60台，求购单价为2 550元/台（见附录C）。

【要求】根据实训的税费标准测算保本到货价（含税）。

【业务处理过程】

保本到货价（含税）

　　＝客户求购价格－其他流通费用（不含税）×（1＋13%）

　　＝2 550－2 550×8‰×（1＋13%）

　　＝2 550－23.05

　　＝2 526.95（元）

【分析】只要商品运到本公司仓库的成本不超过2 526.95元，按2 550元销售，每台可获得毛利（含税）23.05元，刚好弥补其他流通费用，即保本。

（二）测算保本进货价（含税）

保本进货价（含税）是指公司按此价格购进时为保本的价格。保本到货价测算出来后，即可根据此价格寻求目标供货商，再根据目标供货商的运输里程测算运输费用，保本到货价扣除运输费用后，即为保本进货价。测算公式如下：

保本进货价（含税）

　　＝保本到货价（含税）－运输费用（含税）

　　＝保本到货价（含税）－运输费用（不含税）×（1＋增值税税率）

　　＝保本到货价（含税）－预计成交价（销售方挂牌价，下同）×0.4‰×运输里程÷（1＋运输费增值税税率）×（1＋增值税税率）

　　＝保本到货价（含税）－预计成交价×0.4‰×运输里程÷（1＋9%）×（1＋13%）

【例2-2】

【业务内容】测算保本进货价。

【情景】接【例2-1】，006公司通过市场寻价，发现004公司西口牌（KK19V61TI）电冰箱挂牌价为2 300元，005公司北京产西口牌（KK19V61TI）电冰箱挂牌价为2 360元。

【要求】根据"税费标准"，分别测算从004公司和005公司进货的保本进货价。

【业务处理过程】

（1）测算从004公司采购的保本进货价。

经查表可知，004公司至006公司的运输距离为170千米（见项目一"表1-1　商品流通企业之间的相对距离表"，下同）。

保本进货价（含税）

　　＝保本到货价（含税）－预计成交价×0.4‰×运输里程÷（1＋9%）×（1＋13%）

　　＝2 526.95－2 300×0.4‰×170 ÷（1＋9%）×（1＋13%）

　　＝2 526.95－162.14

　　＝2 364.81（元）

【分析】只要进货价格不超过2 364.81元，按2 550元销售，可获得毛利（含税）185.19元（2 550－2 364.81），刚好弥补其他流通费用23.05元，运费162.14元，即保本。

（2）测算从005公司采购的保本进货价。

经查表可知，005公司至006公司的运输距离为90千米。

保本进货价（含税）

$$= 保本到货价（含税）- 预计成交价 \times 0.4‰ \times 运输里程 \div（1+9\%）\times（1+13\%）$$

$$= 2\,526.95 - 2\,360 \times 0.4‰ \times 90 \div（1+9\%）\times（1+13\%）$$

$$= 2\,526.95 - 88.08$$

$$= 2\,438.87（元）$$

【分析】只要进货价格不超过2 438.87元，按2 550元销售，可获得毛利（含税）111.13元（2 550－2 438.87），刚好弥补其他流通费用23.05元，运费88.08元，即保本。

（三）测算目标进货价（含税）

目标进货价是指公司按此价格购进时可获得预定的目标利润，保本进货价（含税）扣除目标利润后即为目标进货价。测算公式如下：

目标进货价（含税）

$$= 保本进货价（含税）- 目标利润（含税）$$

$$= 保本进货价（含税）- 预计成交价（含税）\times 目标利润率$$

【例2-3】

【业务内容】测算目标进货价。

【情景】接【例2-2】，006公司目标利润率为4%。

【要求】分别测算从004公司和005公司进货的目标进货价（含税）。

【业务处理过程】

（1）测算从004公司采购的目标进货价。

目标进货价（含税）

$$= 保本进货价（含税）- 预计成交价（含税）\times 目标利润率$$

$$= 2\,364.81 - 2\,300 \times 4\%$$

$$= 2\,364.81 - 92$$

$$= 2\,272.81（元）$$

【分析】只要进货价格不超过2 272.81元，按2 550元销售，可取得毛利（含税）277.19（2 550－2 272.81）元，弥补其他流通费用23.05元，运费162.14元，可获得利润92元（含税），利润率约4%。

（2）从005公司采购的目标进货价。

目标进货价（含税）

$$= 保本进货价（含税）- 预计成交价（含税）\times 目标利润率$$

$$= 2\,438.87 - 2\,360 \times 4\%$$

$$= 2\,438.87 - 94.40$$

$$= 2\,344.47（元）$$

【分析】只要进货价格不超过2 344.47元，按2 550元销售，可取得毛利（含税）205.53（2 550－2 344.47）元，弥补其他流通费用23.05元，运费88.08元，可获得利润94.40元（含税），利润率约4%。

小提示

由于是价格测算，在实际计算过程中，计算结果可以四舍五入到元。

（四）选择目标供应商

通过以上市场询价和目标进货价的测算，可以了解从各供应商进货的保本进货价和目标进货价，将目标进货价与各供应商的挂牌价进行比较，从而选择与挂牌价较为接近的供应商进行业务洽谈。

以【例2-3】为例，根据测算结果选择目标供应商的分析方法如下：

从004公司采购的目标进货价（含税）为2 364.81元，而其挂牌价为2 300元，高于目标进货价27.19元。

从005公司采购的目标进货价（含税）为2 344.47元，而其挂牌价为2 360元，高于目标进货价15.53元。

005公司的挂牌价虽然高于004公司60元（2 360－2 300），但其却比较接近目标进货价（差异只有15.53元，而004公司是27.19元），应该优先选择与005公司进行业务洽谈，如果洽谈不成，可以选择004公司，依此类推。

（五）业务洽谈

选择目标供应商后，业务员可以与目标供应商进行业务洽谈。在业务洽谈中，采购业务员应围绕目标进货价上下浮动与供货方进行业务洽谈，只要价格在目标进货价左右，则可以考虑成交，并签订合同。

接前述的例子，在与005公司的业务洽谈中，采购业务员应围绕目标进货价2 344.47元上下浮动与供货方进行业务洽谈，只要价格在目标进货价左右（比如2 340～2 350元），则可以考虑成交。但实际成交价应低于保本进货价，这样才能保证有盈利。

如果两家或多家公司的价格均高于或低于目标进货价，则可以通过测算利润率并进行比较，选择可以获取利润率较高的供应商。

接前述的例子，通过业务洽谈，004公司、005公司的价格分别为2 290元和2 350元，均高于目标进货价，则可以通过测算利润率进行比较，计算如下：

利润率＝（保本进货价－成交价）÷成交价

004公司：（2 364.81－2 290）÷2 290＝3.27%

005公司：（2 438.87－2 350）÷2 350＝3.78%

根据以上测算结果，应优先选择从005公司进货。

小提示

值得注意的是，以上测算结果只是估算，只作为进货价格决策的参考，其中：运输费用和其他流通费用会受到实际进货价格变化的影响，但其是正面影响，购进价格降低，相关费用也相应减少，实现的利润会略大于测算的目标利润。

采购业务要严格按照客户求购订单的信息进行采购，包括品名、生产厂家、规格、型号、数量等。

任务三　销售业务决策

学员任务

　　根据本公司现有库存商品价格进行销售价格决策，包括保本销售价、目标销售价的测算，市场询价、业务洽谈等销售决策过程。

　　在实训活动中，销售业务有两种情况：一是销售库存可供资源（见附录B"各单位库存商品期初结存明细表"）；二是将按客户求购订单（见附录C"客户求购订单明细表"）的要求进行采购，并把采购的商品销售给求购单位（代理公司）。

　　在以上两种销售中，后一种销售，客户求购订单的价格就是销售价格，不存在价格决策问题，这里只介绍前一种销售的决策方法，即销售库存可供资源的业务决策。

一、销售业务决策的基本程序

　　销售业务决策的核心是销售价格的决策。销售价格决策主要包括保本销售价和目标销售价的测算，在此基础上确定挂牌价对外挂牌销售，然后选择目标采购商进行业务洽谈，双方协商一致后，签订买卖合同，协商不成的，放弃，寻找下一家采购商。

　　销售价格由商品的进货成本、费用和目标利润构成，按照实训的相关"税费标准"，库存商品成本加上其他流通费用即为保本销售价，保本销售价加上目标利润即为目标销售价。销售业务决策的基本流程如图2-3所示。

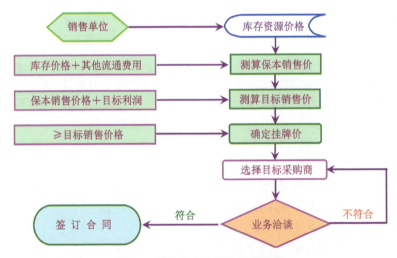

图2-3　销售业务决策的基本流程

二、销售业务决策的基本方法

（一）测算保本销售价

　　保本销售价是指库存商品按此价格销售，可以保本，由库存商品进货成本和流通费用构成。库存商品价格是不含税的进货成本，按照实训的相关"税费标准"，保本销售价的测算公式如下：

　　保本销售价（不含税）
　　　　＝库存价格＋其他流通费用

$$=库存价格＋库存成本×1.2\%$$
$$=库存价格×（1＋1.2\%）$$

保本销售价格（含税）
$$=保本销售价格（不含税）×（1＋增值税税率）$$
$$=保本销售价格（不含税）×（1＋13\%）$$

【例2-4】

【业务内容】 测算保本销售价。

【情景】 002公司速源牌电动车（FB-4GbT）的库存价格为1 787元/辆（见附录B中的"002公司库存商品明细表"）。

【要求】 根据相关"税费标准"，测算保本销售价。

【业务处理过程】

（1）保本销售价（不含税）
$$=库存价格＋库存成本×1.2\%$$
$$=1\ 787＋1\ 787×1.2\%$$
$$=1\ 787＋21.44$$
$$=1\ 808.44（元）$$

（2）保本销售价（含税）
$$=保本销售价（不含税）×（1＋13\%）$$
$$=1\ 808.44×（1＋13\%）$$
$$=2\ 043.54（元）$$

【分析】 只要按2 043.54元/辆（含税）的价格销售，可取得毛利（不含税）21.44（2 043.54÷1.13－1 787）元，刚好弥补其他流通费用，即保本。

（二）测算目标销售价

目标销售价是指库存商品按此价格销售，除弥补有关成本、费用外，可以获取预期利润。由库存商品的进货成本、其他流通费用和目标利润构成。按照实训的相关"税费标准"，目标销售价的测算公式如下：

目标销售价（含税）
$$=保本销售价（含税）＋目标利润（含税）$$
$$=保本销售价（含税）＋\ 保本销售价（含税）×目标利润率$$
$$=保本销售价（含税）×（1＋目标利润率）$$

【例2-5】

【业务内容】 测算目标销售价。

【情景】 接【例2-4】，002公司的目标利润率为4%。

【要求】 测算目标销售价。

【业务处理过程】

目标销售价格（含税）
$$=保本销售价格（含税）+保本销售价格（含税）×目标利润率$$
$$=2\ 043.54＋2\ 043.54×4\%$$

$$=2\,043.54+81.74$$
$$=2\,125.28（元）$$

【分析】只要按2 125.28元/辆（含税）的价格销售，可取得毛利（不含税）93.78元（2 125.28÷1.13－1 787），弥补其他流通费用21.44元后，可获得利润72.34元（不含税，即81.74÷1.13），利润率约4%。

（三）确定挂牌价

挂牌价是指对外挂牌销售的价格，一般按大于或等于目标销售价确定。在测算目标销售价的基础上，可以对外挂牌销售。对于批发企业的批发商品销售来说，挂牌价应适当取整数，如前述例子，002公司速源牌电动车（FB-4GbT）目标销售价为2 125.28元/辆，挂牌价可以考虑为2 130～2 160元。

（四）业务洽谈

对外挂牌销售后，业务员可以选择有购买意向的目标采购商进行业务洽谈。在业务洽谈中，销售业务员应围绕目标销售价上下浮动与目标采购商进行业务洽谈，只要价格在目标销售价左右，则可以考虑成交，签订合同。根据前述例子，002公司速源牌电动车（型号FB-4GbT）的含税目标销售价格为2 125.28元，在业务洽谈中，应围绕目标销售价格2 130元上下进行洽谈，成交价格可以考虑在2 120～2 150元，如果基本符合目标要求，则可以考虑成交，签订合同，但成交价不能低于保本销售价格2 043.54元。

任务四　签订合同

学员任务

根据实训活动中购销业务洽谈达成一致的商品信息及购销双方的相关信息，签订买卖合同。

买卖合同是合同中的一种，是指出卖方转移标的物所有权于买受方，买受方支付相应价款的合同。买卖合同是市场交易活动中最常用的合同之一，本实训达成的每一笔交易，都必须签订书面买卖合同。

一、买卖合同的基本格式

买卖合同的基本格式如图2-4所示。

二、买卖合同填写的基本要求和基本方法

（一）买卖合同填写的基本要求

1. 内容完整、合法。
2. 手续完备。
3. 书写字迹清楚，不准涂改。
4. 文字表达准确，不得有错漏字。

买 卖 合 同

（供买卖工矿产品用）

签订时间 _____

买受人（甲方） _____

合同编号 _____

出卖人（乙方） _____

签订地点 _____

一、产品名称、商标、型号、厂家、数量、金额、供货时间及数量

产品名称	规格型号	计量单位	数 量	单 价	金 额	交（提）货时间
合 计						

合计人民币金额（大写）

二、质量要求、技术标准、供方对质量负责的条件和期限

三、交（提）货地点、方式

四、运输方式及到达站港和费用负担

五、合理损耗及计算方法

六、包装标准、包装物供应与回收

七、验收标准、方法及提出异议期限

八、随机备品、配件工具数量及供应办法

九、结算方式及期限

十、如需提供担保，另立合同担保书，作为本合同附件

十一、违约责任

十二、解决合同纠纷的方式

十三、其他约定事项

出卖人：	买受人：	
单位名称（章）：	单位名称（章）：	鉴（公）证意见：
单位地址：	单位地址：	经办人：
法定代表人：	法定代表人：	
委托代理人：	委托代理人：	鉴（公）证机关（章）
电 话：	电 话：	年 月 日
开户银行：	开户银行：	
账 号：	账 号：	（注：除国家另有规定外，鉴（公）
邮政编码：	邮政编码：	证实行自愿原则）

图2-4 买卖合同的基本格式

（二）实训中买卖合同主要条款的填写方法

买受人：购买单位全称。

出卖人：销售单位全称。

签订时间：签订合同的日期。

合同编号：填写合同单位的合同编号，一般由年份和顺序号组成。如2015-136。

签订地点：签订合同的地点，一般是行政区划地址。如××市、××县。

产品名称：商品的名称。应填写学名，不得填写俗名。

单价：含税成交价。

金额：金额＝单价×数量。

交（提）货时间：填写交（提）货的时间安排。

产品质量要求、技术标准：一般按国家标准执行。

计量方法：一般按国家规定执行。

交（提）货地点：实训规定为"乙方仓库"交货。

交货方式：实训规定为"甲方自提"。

运输方式及到达站港和费用负担：实训规定为"公路运输、费用由甲方负担"。

合理损耗及计算方法：一般按国家标准执行。

产品的包装标准和包装物的供应与回收：一般按国家规定执行。

验收标准、方法及提出异议期限：一般按国家规定执行。

随机备品、配件工具数量及供应办法：实训中为"无"。

结算方式及期限：实训规定为"转账"，付款期限填写双方商定的具体时间。

如需提供担保，另立合同担保书，作为本合同附件，实训中为"无"。

违约责任：一般按《合同法》有关规定执行。

解决合同纠纷的方式：一般为"双方协商解决，协商不成由签约地仲裁机构仲裁，也可以向人民法院起诉"。

其他约定事项：一般为"未尽事宜，双方协商解决。协商不成由签约地仲裁机构仲裁，也可以向人民法院起诉"。

 知识链接

在实际工作中，买卖合同应按照《合同法》的有关条款及双方协商一致的约定填写。

【例2-6】

【业务内容】签订买卖合同。

【情景】2019年8月6日，经双方协商一致，005公司同意将库存北京产西口牌（KK19V61TI）电冰箱30台，以2 410元/台的价格销售给006公司。经双方友好协商，达成协议及相关资料如下：

交货时间：款到发货

付款时间：2019年8月8日前

质量要求：符合国标，包装完好

货物运输：乙方仓库交货、甲方自提；公路运输，费用由甲方负担

货物单价：2 410元/台

合同编号：2019－096

违约责任：乙方不能按时交货的，应向甲方偿付不能交货部分货款的5%；甲方中途退货，应向乙方偿付退货部分货款4%，其他按经济合同法的相关规定执行。

其他条款按常规处理

005公司资料：

单位名称：南华市青青工业品贸易公司

地　　址：南华市青山大道216号

联系电话：0771－81659433

邮　　编：530807

法定代表人：李盛

开户银行：工行南华市青山支行

账　　号：45001604851367315677

006公司资料：

单位名称：南华市兴盛工贸有限公司

地　　址：南华市滨江路866号

联系电话：0771－35486716

邮　　编：530026

法定代表人：刘国军

采购业务员：毛逸民

开户银行：建行南华市滨江支行

账　　号：45001604851367916126

【要求】根据相关协议和资料填写买卖合同。

【业务处理过程】

按双方协商一致的有关条款签订买卖合同，如图2-5所示。

买 卖 合 同

（供买卖工矿产品用）

签订时间 __2019年8月6日__

买受人（甲方） __（006）南华市兴盛工贸有限公司__

出卖人（乙方） __（005）南华市青青工业品贸易公司__

合同编号 __2019—096__

签订地点 __南华市__

一、产品名称、商标、型号、厂家、数量、金额、供货时间及数量

产品名称	规格型号	计量单位	数量	单价	金额	交（提）货时间
西口牌电冰箱	KK19V61TI	台	30.00	2 410.00	72 300.00	
合 计					72 300.00	

合计人民币金额（大写）__柒万贰仟叁佰元整__

二、质量要求、技术标准、供方对质量负责的条件和期限
　　__按国家相关规定执行__

三、交（提）货地点、方式
　　__乙方仓库、甲方自提__

四、运输方式及到达站港和费用负担
　　__公路运输，费用由甲方负担__

五、合理损耗及计算方法
　　__按国家标准执行__

六、包装标准、包装物供应与回收
　　__按国家标准，包装物不回收__

七、验收标准、方法及提出异议期限
　　__验收按国家相关规定执行。若有异议在十五天内提出__

八、随机备品、配件工具数量及供应办法
　　__无__

九、结算方式及期限
　　__转账结算，8月7日前付款，款到发货。__

十、如需提供担保，另立合同担保书，作为本合同附件。
　　__无__

十一、违约责任
　　__乙方不能按时交货的，应向甲方偿付不能交货部分货款的5%；甲方中途退货，应向乙方偿付退货部分货款4%，其他从经济合同法相关规定。__

十二、解决合同纠纷的方式
　　__双方协商解决，协商不成由签约地仲裁机构仲裁，也可以向人民法院起诉。__

十三、其他约定事项
　　__未尽事宜，双方协商解决。协商不成由签约地仲裁机构仲裁，也可以向人民法院起诉。__

出卖人 单位名称（章）： 单位地址：南华市青山大道216号 法定代表人：李盛 委托代理人： 电　话：0771-81659433 开户银行：工行南华青山支行 账　号：4500160485136731567 邮政编码：530807	买受人 单位名称（章）： 单位地址：南华市滨江路866号 法定代表人：刘国平 委托代理人： 电　话：0771-35486716 开户银行：建行南华滨江支行 账　号：4500160485136791826 邮政编码：530026	鉴（公）证意见： 经办人： 鉴（公）证机关（章） 　　　　　年　月　日 （注：除国家另有规定外，鉴（公）证实行自愿原则）

图2-5　买卖合同

项目三　购销业务处理

 引言

购销业务处理是采购、销售决策完成并签订买卖合同后，销售单位办理销售业务、购货单位办理购进业务的全过程。在购销业务处理过程中，涉及购销双方企业、运输公司、银行机构等单位；涉及单位内部各个部门及其相应的岗位。本项目分别介绍销售单位和购货单位的业务处理过程。

任务一　购销业务处理的基本流程

学员任务

了解商品购销业务处理的基本工作内容，掌握购销业务处理的基本流程。

购销业务处理是购销双方签订合同后，办理商品购销业务的具体处理过程。作为销售单位，需要收取货款、发出商品、登记账簿、进行会计账务处理；作为购货单位，需要支付货款、提运货物、验收入库、登记账簿、进行会计账务处理，其中，需要通过银行收付货款和运费，需要通过物流公司运送商品，这些工作内容和业务处理过程均需要由各单位及其内部各岗位人员相互协作、共同完成。购销业务处理的基本流程如图3-1所示。

 小提示

购销业务流程图反映了以下三个方面的内容：
1. 销售单位的销售业务处理流程。
2. 购进单位的采购业务流程。
3. 销售单位和采购单位之间款项收付业务、收发货物等关联业务流程。

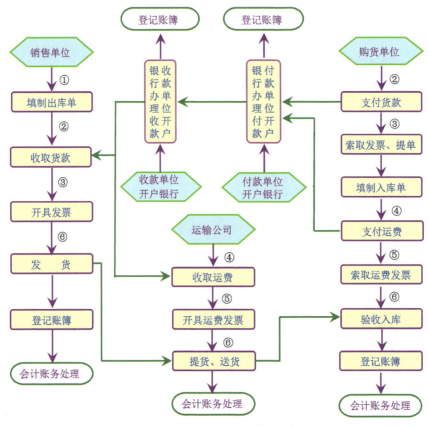

图3-1　购销业务处理的基本流程

说明：

① 销售单位填制商品出库单。

② 购货单位支付货款；销售单位收取货款。

③ 销售单位开具发票；购货单位索取发票及提货单，并据以填制商品入库单。

④ 购货单位支付运费；运输公司收取运费。

⑤ 运输公司开具运费发票；购货单位索取运费发票。

⑥ 运输公司提货；销售单位发货；运输公司送货；购货单位验收入库。

任务二　销售业务处理

学员任务

　　以销售单位各岗位职员身份，根据买卖合同完成商品出库单的填制与传递、收取货款、开具增值税专用发票、发出商品、编制销售和结转成本的记账凭证、登记库存商品明细账、业务进销存账和实物保管账等工作。

　　销售业务处理是销售单位在与采购单位签订买卖合同后，办理销售业务相关手续的全过程，包括销售单位填制商品出库单、收取货款、开具增值税专用发票、发出商品、登记账簿、会计账务处理等。销售业务处理基本流程及其工作内容如图3-2所示。

一、填制商品出库单

　　按企业管理制度的要求，商品、物资的收入（增加）、发出（减少）必须有凭证。

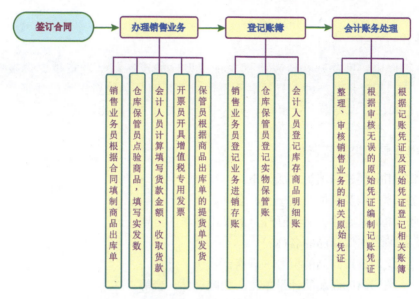

图3-2 销售业务处理基本流程及其工作内容

商品出库单是办理库存商品调拨（销售）的出库凭证，是财务部门结算货款的依据，是有关部门登记库存商品减少的原始凭证。

购销双方签订买卖合同后，作为销售方应及时与购货方联系，办理有关销售手续，首先填制商品出库单，确定实际货款金额，以便收取货款。

（一）商品出库单的基本格式

商品出库单应具备出库商品的相关信息和基本要素，商品出库单基本格式如图3-3所示（本教程中各种票据的格式、各联次用途、各联次的颜色是实战型商品经营综合实训中统一使用的样式）。

<h1 style="text-align:center">商 品 出 库 单</h1>

No：

购货单位：　　　　　　　　　　　　　　　　　　　开单日期：　　　年　　月　　日

商品名称	型号规格	计量单位	计划数	实发数	单价	金额	内部核算资料	
							单位成本	总成本
合　计								
合计金额（大写）								

会计：　　　　　　保管：　　　　　　提货：　　　　　　制单：

注：商品出库单一式四联，第一联 存根（黑色）、第二联 提货单（仓库记账）（红色）、第三联 财务记账（绿色）、第四联 业务记账（紫色）。

图3-3 商品出库单基本格式

知识链接

在实际工作中，商品、物资发出的凭证很多，如出库单、发货单、调拨单、发料单、领料单等，不管是哪一种，只是名称不同，都是商品、物资出库的凭证和记账的依据。它们的格式、基本要素大致相同。实训中统一采用"商品出库单"。

（二）商品出库单的填制方法

商品出库单相关要素的填制方法如下。

购货单位：填写购买单位（或个人）名称。

开单日期：填写采购业务员实际开具商品出库单的日期。

商品品名：填写出库商品的名称。

型号规格：填写出库商品的型号、规格。

计量单位：填写出库商品的计量单位。如吨、件、台等。

计 划 数：填写客户计划购买商品数量。一般按合同的数量填写。

实 发 数：填写实际发货（销售）的商品数量。一般由仓库保管员点验商品后填写。

单 价：填写出库商品的销售单价（含税售价）。

金 额：填写出库商品的销售货款金额（单价×实发数量）。

内部核算资料：填写出库商品的单位成本和总成本。由会计人员在"财务记账"联填写。

合 计：填写出库商品的合计金额，即各行金额的合计数。

（三）商品出库单的填制及其传递

按照企业内部控制制度的要求，商品出库单的填制不能由一个人单独完成，而必须由两个或两个以上相关责任人员共同完成。

在综合实训中，商品出库单的填制应该由销售业务员、仓库保管员、会计人员按照职责分工来共同完成。具体填制方法及其传递程序如下。

步骤一： 销售业务员根据合同的相关内容填制商品出库单，一式四联（复写），包括购货单位、开单日期、商品品名、型号规格、计量单位、计划数、单价等内容，签名并加盖业务专用章；然后留下"存根"联，作为登记业务进销存账"计划数"的依据，其余三联交仓库保管员点验商品。

步骤二： 仓库保管员点验核实商品后填写实发数，一式三联（复写），签名后一起交会计人员结算。

步骤三： 会计人员计算并填写货款金额，一式三联（复写），并据以收取货款。会计人员确认收款后签名并加盖财务结算章，留下"财务记账"联；"提货单（仓库记账）"联交购货单位作为提货的凭证；"业务记账"联交销售业务员记账。

【例3-1】

【业务内容】 填制商品出库单。

【情景】 接项目二【例2-6】、图2-5"买卖合同"。2019年8月7日，005公司销售业务员拟开具商品出库单，以便尽快确定实发数和货款金额，通知购货方付款。

（005）南华市青青工业品贸易公司有关岗位人员情况如下。

销售业务员：赵　宁　　保管员：王小平　　会　计：张　芬

【要求】填制并传递商品出库单。

【业务操作过程】

（1）销售业务员赵宁根据买卖合同的有关内容填制商品出库单，一式四联（复写），签名并加盖“业务专用章”，如图3-4所示；留下存根联后，将第2～4联送到仓库，交给保管员王小平。

商　品　出　库　单　　No：201500316

南华市青青工业品贸易公司 业务专用章

购货单位：（006）南华市兴盛工贸有限公司　　开单日期：2019 年 8 月 7 日

商品名称	型号规格	计量单位	计划数	实发数	单 价	金 额	内部核算资料	
							单位成本	总成本
西口牌电冰箱	kk19v61ti	台	30		2 410.00			
合　计								
合计金额（大写）								

第一联：存根

会计：　　保管：　　提货：　　制单：赵宁

注：商品出库单一式四联，第一联“存根”、第二联“提货单（仓库记账）”、第三联“财务记账”、第四联“业务记账”。

图3-4　商品出库单

小提示

销售业务员在填制商品出库单时，应先查阅业务进销存账，与合同核对相符（包括商品品名、型号规格、数量等）并在确定有足够库存后才能填制商品出库单。

在实际工作中，不一定都有书面合同，有的时候现买现卖，则应根据业务进销存账和协商一致的有关协议填制出库单。

（2）保管员王小平接到赵宁交来的商品出库单（第2～4联），按照商品出库单的品名和型号规格找到了该商品，经点验核实，可以按计划数发出该商品3件，共30台；然后按点验结果填写实发数并签名，如图3-5所示；再将商品出库单（第2～4联）送到财务部，交给会计员张芬。

知识链接

在实际工作中，实发数与计划数不一定相同，如某些计重商品按实际过磅计量，按件销售，不能散拆；某些商品按包装大件销售，不能拆包零卖；某些商品实际库存数与合同数量可能存在一定的差异，在双方协商一致的情况下，实发数可能大于或小于计划数。

商 品 出 库 单　　　No：201500316

购货单位：（006）南华市兴盛工贸有限公司　　　　　　开单日期：　2019 年 8 月 7 日

商品名称	型号规格	计量单位	计划数	实发数	单价	金额	内部核算资料	
							单位成本	总成本
西口牌电冰箱	kk19v61ti	台	30	30	2 410.00			
合　计								
合计金额（大写）								

保管员填写实发数

会计：　　　　保管：王小平　　　　提货：　　　　　　　制单：赵宁

注：一式三联，第二联"提货单（仓库记账）"、第三联"财务记账"、第四联"业务记账"。

图3-5　商品出库单

小提示

　　图3-5是原始凭证在填制和传递过程中的一种状态，并不是填制完成的最终结果，该凭证填制完成的最终结果如图3-15所示。

　　（3）会计员张芬接到保管员王小平交来的商品出库单（第2～4联），经核对无误，计算并填写货款金额，并按货款金额通知购货单位付款。

　　（4）会计员张芬收到银行转来进账单"收账通知"联（见图3-6）后，在商品出库单上签名并加盖"财务结算章"；然后留下"财务记账"联，如图3-7所示；将"提货单（仓库记账）"联交给购货单位业务员，如图3-8所示；将"业务记账"联送到业务部交给赵宁，如图3-9所示。

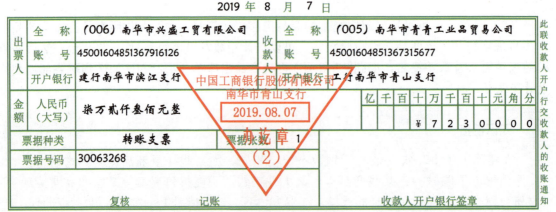

图3-6　银行进账单（收账通知）

知识链接

收取货款的前提是购货方支付货款，因此，在确定实发数和货款金额的基础上，销售方应及时通知购货方支付货款，支付货款的具体方法在本项目任务三"采购业务处理"中介绍。

确认收到货款的依据是收到盖有本单位开户银行印章的相关票据的收账通知。本综合实训统一采用转账结算方式，在转账支票结算方式下，确认收到货款的凭证是盖有本单位开户银行印章的进账单"收账通知"联。在【例3-1】中，确认收到货款的进账单"收账通知"联样式，如图3-6所示。

小提示

图3-6"进账单"中的开单日期与开户银行的收款日期相同，是假设实训中转账结算可以在一天内完成的。在实际工作中，由于业务处理及凭证传递时间等原因，一项经济业务处理往往不能在一天内完成。本项目中的购销业务处理案例均假设在一天内完成，包括销售业务处理、办理运输、商品入库、销售给代理公司等业务均采用同一天的日期。

商 品 出 库 单　　　No：201500316

购货单位：（006）南华市兴盛工贸有限公司　　　开单日期：2019 年 8 月 7 日

商品名称	型号规格	计量单位	计划数	实发数	单价	金额	内部核算资料	
							单位成本	总成本
西口牌电冰箱	kk19v61ti	台	30	30	2 410.00	72 300.00		
合　计						72 300.00		
合计金额（大写）	柒万贰仟叁佰元整							

会计：张芬　　　保管：王小平　　　提货：　　　制单：赵宁

第三联：财务记账

图3-7　商品出库单（财务记账）

商 品 出 库 单　　　No：201500316

购货单位：（006）南华市兴盛工贸有限公司　　　开单日期：2019 年 8 月 7 日

商品名称	型号规格	计量单位	计划数	实发数	单价	金额	内部核算资料	
							单位成本	总成本
西口牌电冰箱	kk19v61ti	台	30	30	2 410.00	72 300.00		
合　计						72 300.00		
合计金额（大写）	柒万贰仟叁佰元整							

会计：张芬　　　保管：王小平　　　提货：　　　制单：赵宁

第二联：提货单（仓库记账）

图3-8　商品出库单（提货单）

图3-9 商品出库单（业务记账）

知识链接

在实际工作中，是先付款后提货，还是先提货后付款，应根据买卖合同的约定或按照协商一致的有关协议进行办理。

小提示

在实际工作中，对于不同性质的商品，商品出库单传递方式也有所不同，比如对于大型、大件的非计重商品，可以由销售业务员直接填制商品出库的计划数和实发数，签名并加盖业务专用章后留下"存根"联，其余三联直接交会计人员结算，会计人员收取货款后签名并加盖财务专用章，留下"财务记账"联，"业务记账"联交业务员记账，"提货单（仓库记账）"联交购货单位作为提货的凭证。

二、开具增值税专用发票

增值税专用发票是销售单位商品销售实现的凭证，也是购货单位报账和进项税额抵扣的凭证。

销售单位确认收到货款后，应根据商品出库单及其相关信息开具增值税专用发票。

（一）增值税专用发票的基本格式

增值税专用发票应该具备商品销售的相关信息和基本要素，增值税专用发票基本格式如图3-10所示。

（二）增值税专用发票的填制方法

增值税专用发票相关要素的填制方法如下。

开票日期：填写开票的实际日期。

购货单位：填写购货单位的全称、纳税人识别号、地址、电话、开户行及账号。

货物或应税劳务名称：填写销售商品的名称或提供劳务的名称。

规格型号：填写销售商品的规格、型号。

计量单位：填写销售商品的计量单位。如吨、件、台等。

数　　量：填写销售商品的实际数量，根据商品出库单的实发数填写。

单　　价：填写销售商品的单价（不含税）。

金　　额：填写货款金额（不含税）。金额＝单价×数量。

税　　率：填写销售商品的增值税适用税率。本综合实训为16%。

税　　额：填写销售商品的增值税税额。税额＝金额×税率。

合　　计：分别填写"金额"栏和"税额"栏合计金额。

价税合计：填写"金额"与"税额"的合计金额。价税合计应等于商品出库单的货款合计金额。

销货单位：销售单位的全称、纳税人识别号、地址、电话、开户行及账号。

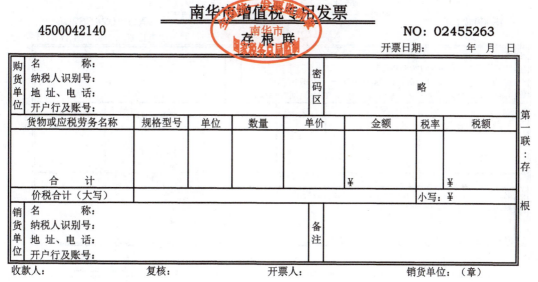

图3-10　增值税专用发票

（三）增值税专用发票的填制及其传递程序

按照企业内部控制制度的要求，增值税专用发票的填制不能由一个人单独完成，而必须由两个或两个以上相关责任人员共同完成。

在综合实训中，增值税专用发票的填制由开票员（会计人员，下同）和负责复核的会计人员按照职责分工来共同完成。具体填制方法及其传递程序如下。

步骤一： 开票员根据商品出库单和合同的相关信息填制增值税专用发票，一式四联（复写），签名并加盖发票专用章，留下"存根联"，其余三联交负责复核的会计人员复核。

步骤二： 负责复核的会计人员收到开票员交来的增值税专用发票第2～4联后，应认真核对检查，确定准确无误后签名；将"发票联"和"抵扣联"交购货方作为记账和进项税抵扣的凭证；在"记账联"加盖财务结算章后，作为确认销售的记账凭证。

【例3-2】

【业务内容】 开具货物发票。

【情景】 005公司的会计员张芬是指定的开票员，郝莉丽是财务部经理兼复核。005公司和006公司的纳税人识别号如下。

（005）南华市青青工业品贸易公司：440122316560323

（006）南华市兴盛工贸有限公司：440110085487231

【要求】 开票员开具并传递增值税专用发票。

【业务处理过程】

（1）会计员张芬根据商品出库单及相关资料开具增值税专用发票，加盖"发票专用章"，如图3-11所示；留下存根联后，将第2~4联交给财务部经理郝莉丽。

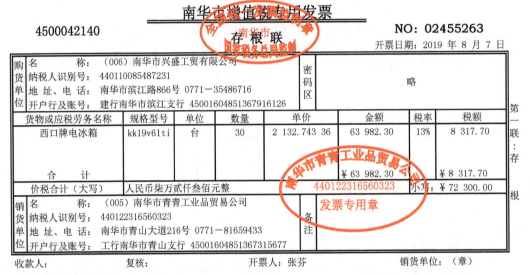

图3-11　增值税专用发票

知识链接

① 增值税专用发票的购货单位名称、商品品名、规格、型号、计量单位应与商品出库单的相应项目相一致，数量应与商品出库单的实发数相一致，价税合计应与商品出库单的合计金额相一致，即价税合计金额应等于收取商品价款的金额。

② 在实际工作中，合同、商品出库单的单价一般为含税价格，开具增值税专用发票时应换算为不含税单价，在计算货款金额及税额过程中，单价、金额应保留5位以上的小数。

含税单价（或金额、下同）的换算公式如下：

不含税单价＝含税单价÷（1＋适用增值税税率）

（2）财务部经理郝莉丽接到会计员张芬交来的增值税专用发票第2~4联，经审核无误后签名，然后将"发票联"（见图3-12）和"抵扣联"（见图3-13）交给购货单位业务员；留下"记账联"并加盖财务结算章（见图3-14）。

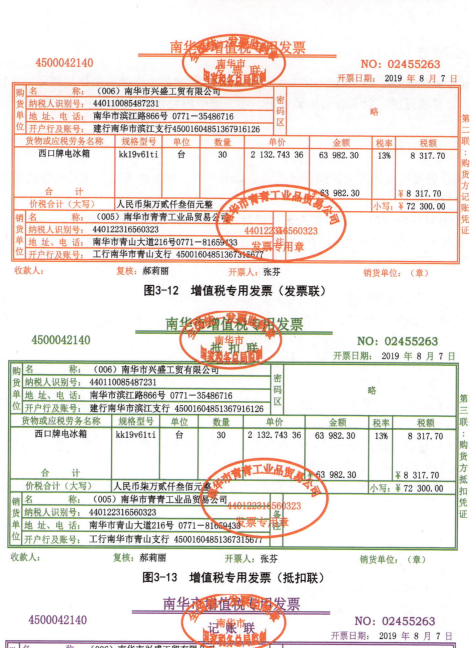

图3-12　增值税专用发票（发票联）

图3-13　增值税专用发票（抵扣联）

图3-14　增值税专用发票（记账联）

知识链接

在实际工作中，增值税专用发票必须是计算机开票，且必须由指定持证的开票人员开具、计算机打印。为了提高实训效果，本实训中由会计人员采用手工开具。

三、仓库保管员发货

仓库保管员发货的依据：经会计人员结算并签名、加盖财务结算章后的商品出库单"提货单（仓库记账）"联。

保管员发货的程序：由提货人在"提货单（仓库记账）"联上签名后，收回"提货单（仓库记账）"联作为仓库发出商品和记账的依据，然后办理发货、放行手续。

【例3-3】

【业务内容】发出商品。

【情景】运输公司提运员姚建钧到销售单位005公司仓库，将商品出库单"提货单（仓库记账）"联交给保管员王小平，要求提货。

【要求】仓库保管员发货并办理相关手续。

【业务处理过程】

（1）保管员王小平接到商品出库单"提货单（仓库记账）"联后，如数清点商品，交给姚建钧点收。

（2）运输公司提运员姚建钧点收商品后，在商品出库单"提货单（仓库记账）"联上签名确认交给保管员王小平，如图3-15所示。

（3）保管员王小平收回商品出库单"提货单（仓库记账）"联后，办理发货、放行手续。

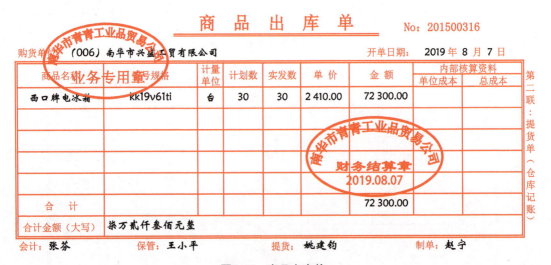

图3-15　商品出库单

知识链接

在实际工作中，保管员应办理放行手续，如填写物品仓库放行条（单）、仓库出门条（单）等一式数联，内容包括运输的车型、车号；物品的名称、规格型号、件数、数量等。保管员签名并加盖仓库专用章。仓库保安部门凭放行条（单）、出门条（单）放行。

小提示

在实际工作中，业务处理过程中的各种单证、票据的签名、盖章均表示责任的确立，签名、盖章的相关人员必须对填制或者复核的内容负责，因此，在业务处理过程中，必须认真细致、保持高度的工作责任感。

四、编制记账凭证、登记账簿

（一）销售业务完成后各岗位人员应取得的原始凭证

销售业务完成后，各岗位人员应该取得的原始凭证如下。

（1）会计人员：增值税专用发票的"记账联"、进账单的"收账通知"联、商品出库单的"财务记账"联。

（2）销售业务员：商品出库单的"存根"联、"业务记账"联。

（3）仓库保管员：商品出库单"提货单（仓库记账）"联。

（二）编制编制商品销售收入的记账凭证

销售业务完成后，会计人员应根据取得的增值税专用发票及收取货款的原始凭证，经审核无误后编制商品销售收入的记账凭证。

（1）收到进账单"收账通知"联，表明银行存款增加，应根据进账单的金额，借记"银行存款"。

（2）增值税专用发票"记账联"是确认销售收入的原始凭证，应根据增值税专用发票的货款金额（不含税），贷记"主营业务收入"；根据增值税专用发票的税额，贷记"应交税费——应交增值税（销项税额）"。

（三）编制结转商品销售成本的记账凭证

销售业务完成并发出商品后，会计人员应根据取得的商品出库单，经审核无误后编制结转商品销售成本的记账凭证。

商品出库单"财务记账"联是商品出库的原始凭证，表明库存商品的减少，应根据出库商品的成本借记"主营业务成本"；贷记"库存商品"。

由于会计人员取得的商品出库单中只有含税销售金额，没有商品的成本，因此，会计人员应按照个别计价法确定所售商品的进价成本和总成本，填写商品出库单"财务记账"，并据以编制记账凭证。

【例3-4】

【业务内容】编制记账凭证。

【情景】会计员张芬在销售过程中填制或取得的原始凭证如下。

（1）增值税专用发票的"记账联"（见图3-14）。

（2）银行进账单的"收账通知"联（见图3-6）。

（3）商品出库单"财务记账"联（见图3-7）。

【要求】根据原始凭证编制记账凭证。

【业务处理过程】

（1）张芬对收到的原始凭证进行认真的审查核对，确认没有错误。

（2）根据增值税专用发票的"记账联"和银行进账单的"收账通知"联编制销售收入的记账凭证，如图3-16所示（假如记账凭证不分类，记账凭证编号从1号开始编写，下同）。

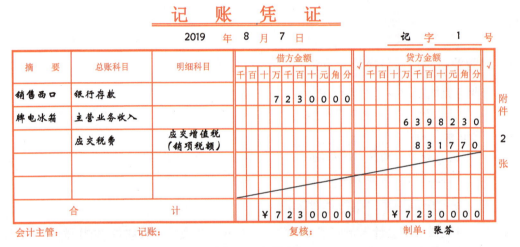

图3-16　记账凭证

（3）按照商品出库单"财务记账"联的品名、型号规格查阅该商品的进货成本（库存单价），单位成本为1 951元/台，并据以计算填列商品出库单"财务记账"联中的单位成本和总成本，如图3-17所示；然后编制结转销售成本的记账凭证，如图3-18所示。

商 品 出 库 单　　No: 201500316

购货单位：（006）南华市兴盛工贸有限公司　　开单日期：2019 年 8 月 7 日

商品名称	型号规格	计量单位	计划数	实发数	单价	金额	内部核算资料	
							单位成本	总成本
西口牌电冰箱	kk19v61ti	台	30	30	2 410.00	72 300.00	1 951.00	58 530.00
合　计						72 300.00		58 530.00
合计金额（大写）	柒万贰仟叁佰元整							

会计：张芬　　保管：王小平　　提货：　　制单：赵宁

第三联：财务记账

图3-17　商品出库单（财务记账）

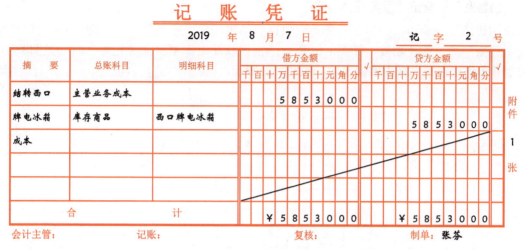

记 账 凭 证

2019 年 8 月 7 日　　　记 字 2 号

摘　要	总账科目	明细科目	借方金额										√	贷方金额										√
			千	百	十	万	千	百	十	元	角	分		千	百	十	万	千	百	十	元	角	分	
结转西口	主营业务成本					5	8	5	3	0	0	0												
牌电冰箱	库存商品	西口牌电冰箱															5	8	5	3	0	0	0	
成本																								
合　　　　计					¥	5	8	5	3	0	0	0			¥	5	8	5	3	0	0	0		

附件 1 张

会计主管：　　　记账：　　　　　　复核：　　　制单：张芬

图3-18　记账凭证

（四）登记账簿

反映商品进销存情况的账簿主要有财务部门的"库存商品明细账"、业务部门的"业务进销存账"和仓库管理部门的"实物保管账"。接前述例子，账簿登记的依据及方法如下。

1. 会计人员登记库存商品明细账

在期初建账的基础上，会计人员应根据结转商品销售成本的记账凭证（见图3-18）及其所附原始凭证（见图3-17）登记"库存商品明细账"的减少。登记完成的库存商品明细账如图3-19所示。

库 存 商 品 明 细 账

品名规格 西口牌电冰箱 kk19v61ti　　产地 北京　　计量单位 台　　总第　　页　分第　　页

2019年		凭证		摘要	单价	借方（收入）												贷方（发出）												结存												保本期	保利期
月	日	字	号			购进数量	其他数量	金额									销售数量	其他数量	金额									数量	均价	金额										
								百	十	万	千	百	十	元	角	分			百	十	万	千	百	十	元	角	分			百	十	万	千	百	十	元	角	分		
8	1			上月结存																									50	1 951.00			9	7	5	5	0	0	0		
	7	记	2	销售	1 951.00												30				5	8	5	3	0	0	0	20	1 951.00			3	9	0	2	0	0	0		

图3-19　库存商品明细账

知识链接

在实际工作中，库存商品的成本应在库存商品明细账中查阅；本实训中，可以通过附录B中的"005公司库存商品明细表"中查阅，通过期初建账后，也可以在库存商品明细账中查到，如图3-19所示。

2. 销售业务员登记"业务进销存账"

在期初建账的基础上，销售业务员应根据商品出库单"存根"联（见图3-4）登记"业务进销存账"减少的计划数，如图3-20所示；根据商品出库单"业务记账"联（见图3-8）登记"业务进销存账"减少的实发数，如图3-21所示。

业 务 进 销 存 账

品名：西口牌电冰箱　　　规格：kk19v61ti　　　计量单位：台　　　单位价格：1951　　　总第　　页 分第　　页
　　　　　　　　　　　　　　　　　　　　　　　　　　　　　　　　　　　　存放地点：

2019年		凭证号	摘　要	收入（增加）				发出（减少）				结　存		核对
月	日			应收数		实收数		计划数		实发数				
				件数	数量	件数	数量	件数	数量	件数	数量	件数	数量	
8	1		上月结存										50	
	7		销售						30					

图3-20　业务进销存账（登记减少的计划数）

小提示

从图3-20可以看出，该商品原有库存50台，已开单销售30台（计划数），商品尚未发出；尚可销售的库存只有20台。在实际工作中，可以用铅笔在"结存"栏内填写"20"台，以免出现差错。

业 务 进 销 存 账

品名：西口牌电冰箱　　　规格：kk19v61ti　　　计量单位：台　　　单位价格：1951　　　总第　　页 分第　　页
　　　　　　　　　　　　　　　　　　　　　　　　　　　　　　　　　　　　存放地点：

2019年		凭证号	摘　要	收入（增加）				发出（减少）				结　存		核对
月	日			应收数		实收数		计划数		实发数				
				件数	数量	件数	数量	件数	数量	件数	数量	件数	数量	
8	1		上月结存										50	
	7		销售						30		30		20	

图3-21　业务进销存账（登记减少的实发数）

小提示

从图3-21可以看出，该商品原有库存50台，已开单销售30台（计划数），实际发出商品30台；尚可销售的库存只有20台。

3. 仓库保管员登记实物保管账

在期初建账的基础上，仓库保管员应根据商品出库单"提货单（仓库记账）"联（见图3-15）登记"实物保管账"的减少数，如图3-22所示。

实物保管账

品名：**西口牌电冰箱**　　规格：**kk19v61ti**　　计量单位：**台**　　单位价格：**1951**

总第　　页分第　　页　　存放地点：

2019年		凭证号	摘　要	收　入（增加）				发　出（减少）				结　存		核对
月	日			应收数		实收数		计划数		实发数		件数	数量	
				件数	数量	件数	数量	件数	数量	件数	数量			
8	1		上月结存									5	50	
	7		销售						30	3	30	2	20	

图3-22　实物保管账

小提示

① 从图3-22可以看出，该商品原有库存50台，已开单销售30台（计划数），实际发出商品30台；商品结存20台。

② 图3-22"中，"件数"应由仓库保管员根据实际发出和结存的件数填写。

知识链接

从图3-19、图3-21、图3-22可以看出，该商品发出的数量和结存的数量都是一致的，因为它们的记账依据都是一样的（即商品出库单，只是联次不同）；同样，商品的增加都是根据商品入库单登记的，因此，会计、业务、保管三账登记的结果应该一致，如果不一致，则说明记账有误，应查明原因，及时更正，以确保账账相符。

任务三　采购业务处理

学员任务

以购货单位各岗位职员身份，根据买卖合同完成支付货款、办理运输、商品入库、编制商品采购和入库的记账凭证及登记库存商品明细账、业务进销存账和实物保管账等工作。

采购业务处理是购货单位在与销售单位签订买卖合同后，办理购进业务相关手续的全过程，包括支付货款、索取发票、办理运输、商品入库、登记账簿、会计账务处理等。采购业务处理的基本流程及其工作内容如图3-23所示。

一、办理购货手续

办理购货手续是从支付货款到取得提货单和发票的业务处理过程，包括办理付款申请审批手续、办理货款转账付款手续、索取提货单和货物发票。

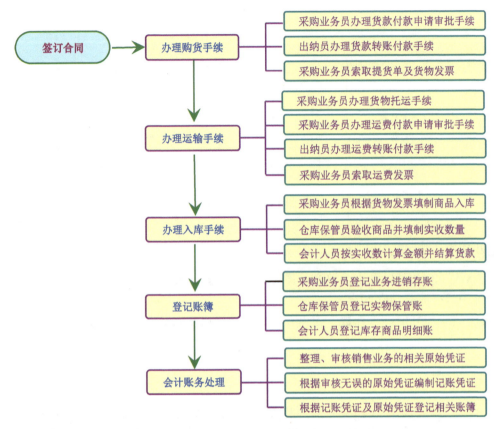

图3-23 采购业务处理的基本流程及其工作内容

（一）办理货款付款申请审批手续

按照企业内部控制制度的要求，款项支付必须由经办人提出申请，经有关人员审批。办理付款申请审批手续一般由经办人填写付款申请表，经有关人员审核批准并签名。实训中，款项支付由采购业务员根据买卖合同的资料或销售单位的付款通知填写付款申请表，报有关领导审批。付款申请表的基本格式如图3-24所示。

1. 付款申请表的填制方法

付款申请表应由采购业务员根据买卖合同的资料及销售单位的付款通知填写，具体填写方法如下。

收款单位全称：填写收款单位在银行开户的单位全称。

汇款方式：填写银行结算方式，如转账、电汇等（本实训规定采用转账结算方式）。

开户银行：填写收款单位开户行的名称。

账　　号：填写收款单位银行账号。

付款金额：填写申请付款的金额。

款项用途：填写支付款项的具体内容。

申请部门：填写申请付款的经办人所在的部门名称（本实训填写"业务部"）。

2. 付款申请表审批程序

（1）采购业务员填写付款申请表并签名。

（2）业务部经理审核批准并签名。

（3）财务部经理审核批准并签名。

（4）公司总经理审核批准并签名。

付　款　申　请　表

年　　月　　日

收款单位 全　称		付款 方式	
开户银行		账号	
付款金额 （大写）			（小写）：￥＿＿＿＿＿
款 项 用 途			
申请部门		经办人(签名)	
部门主管 审批意见			
财务主管 审批意见			
单位负责人 审批意见			

图3-24　付款申请表的基本格式

【例3-5】

【业务内容】办理付款申请审批手续。

【情景】接【例3-1】。（006）公司与（005）公司签订合同后，购货单位（006）公司业务员毛逸民接到005公司的付款通知，实发数量30台，货款金额为72 300元。

006公司有关岗位人员情况如下。

总　经　理：刘国军

业务部经理：黄　海

财务部经理：张倩茜
会　　　计：单丽娜
出　　　纳：张红红
采购业务员：毛逸民
保　管　员：季　强

【要求】采购业务员填制付款申请表，并按规定的审批程序报批。

【业务处理过程】

业务员毛逸民根据买卖合同的规定及销售单位的通知，填写付款申请表，分别送交业务部经理黄海、财务部经理张倩茜、总经理刘国军审批签字。经有关人员审批的付款申请表如图3-25所示。

付　款　申　请　表

2019 年 8 月 7 日

收款单位全　称	（005）南华市青青工业品贸易公司	付款方式	转账
开户银行	工行南华市青山支行	账号	45001604851367315677
付款金额（大写）	柒万贰仟叁佰元整	（小写）：￥72 300.00	
款项用途	西口牌电冰箱（kk19v61ti）30台　单价2 410.00元　合计72 300.00元		
申请部门	业务部	经办人（签名）	毛逸民
部门主管审批意见	同意支付　　黄海　　2019 年 8 月 7 日		
财务主管审批意见	同意支付　　张倩茜　　2019 年 8 月 7 日		
单位负责人审批意见	同意支付　　刘国军　　2019 年 8 月 7 日		

图3-25　付款申请表

知识链接

在实际工作中，付款的方式有很多，如转账、电汇、托收承付、银行汇票、商业汇票等。实训中，统一采用转账支票结算方式。

（二）办理支付货款手续

支付货款申请表经有关人员审批签名后，财务部门应根据付款申请表办理支付货款手续。

实训中，统一采用转账支票结算方式。在转账支票结算方式下，转账付款应填制转账支票和银行进账单，并通过银行办理相关手续。

1. 转账支票的基本格式及其填制方法

（1）转账支票的基本格式

转账支票是出票人签发的，委托办理支票存款业务的银行在见票时无条件支付确定的金额给收款人或持票人的票据。银行转账支票的基本格式如图3-26所示。

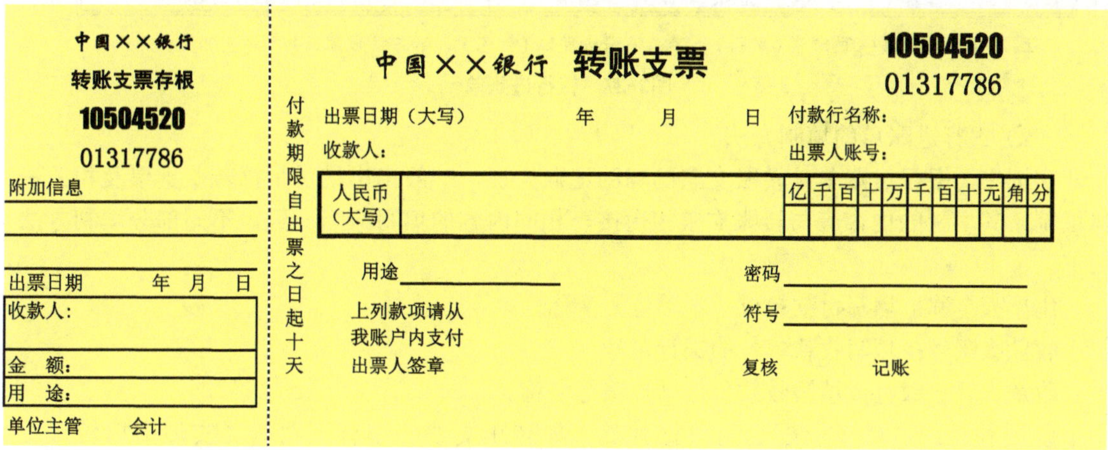

中国××银行		中国××银行　**转账支票**		**10504520**
转账支票存根				01317786
10504520				
01317786				

图中为转账支票存根及转账支票票样

出票日期（大写）　　年　　月　　日　付款行名称：
收款人：　　　　　　　　　　　　　出票人账号：

人民币（大写）　　　　　　　　　亿千百十万千百十元角分

用途＿＿＿＿＿　　　　　　　密码＿＿＿＿＿
上列款项请从我账户内支付　　　符号＿＿＿＿＿
出票人签章　　　　　　　　　复核　　　记账

付款期限自出票之日起十天

附加信息＿＿＿＿
出票日期　　年　月　日
收款人：
金　额：
用　途：
单位主管　　会计

图3-26　银行转账支票

（2）转账支票填制方法

转账支票一般由出纳员根据经领导审批的付款申请表填制，转账支票主要项目的填制方法如下。

出票日期：填写开具支票的日期。

收　款　人：填写收款单位的全称。

付款行名称：填写付款单位（本单位）开户银行的名称。

出票人账号：填写付款单位（本单位）的银行账号。

人民币（大写）：填写付款的金额。

用　　　途：填写款项用途。

出票人签章：盖印鉴（预留的银行印鉴）。

2. 银行进账单的基本格式及其填制方法

银行进账单是持票人或收款人将票据款项存入其开户银行账户的凭证，也是开户银行将票据款项记入持票人或收款人账户的凭证。简言之，银行进账单是转账支票、银行汇票等相关票据的辅助记账凭证。

（1）银行进账单的基本格式。

银行进账单的基本格式如图3-27所示。

中国××银行 **进账单** （回　单）　　①

年　　月　　日

出票人	全　称		收款人	全　称													此联开户行交持（出）票人的回单
	账　号			账　号													
	开户银行			开户银行													
金额	人民币（大写）					亿	千	百	十	万	千	百	十	元	角	分	
票据种类			票据张数														
票据号码																	
复核　　　　记账				出票人开户银行签章													

注：一式三联，第一联 回单（黑色）、第二联 贷方凭证（红色）、第三联 收账通知（绿色）。

图3-27　银行进账单

（2）银行进账单的填制方法。

实训中，银行进账单是转账支票的辅助记账凭证，一般由出纳员根据转账支票及相关资料填制，其填制的内容应与转账支票相衔接，相同内容的填写应当一致。不同部分填制方法如下。

出票人全称：填写付款单位（本单位）全称。

收款人账号：填写收款单位的银行账号。

收款人开户银行：填写收款单位开户银行名称。

票据种类：进账单所配套的票据种类，如转账支票、银行汇票等（实训中填转账支票）。

票据张数：进账单所配套的票据张数，一般为一张。

【例3-6】

【业务内容】 支付货款。

【情景】 业务员毛逸民持经审批的付款申请表到财务部交给出纳员张红红，要求办理付款手续。

【要求】 出纳员办理转账付款手续。

【业务处理过程】

（1）出纳员张红红接到付款申请表，经审核无误，根据付款申请表及相关资料填写转账支票和银行进账单。

（2）在转账支票正联加盖本人私章（银行印鉴组印章），然后送财务部经理单丽娜加盖财务专用章（银行印鉴组印章），如图3-28所示。

（3）留下转账支票存根（见图3-29），将转账支票正联和进账单（见图3-30）送交银行办理转账付款手续。

图3-28 银行转账支票（正联）

知识链接

"银行印鉴"是指存款人在银行开立银行结算账户时留存的、凭以办理款项支付结算的权利证明，也是开户银行办理支付结算的审核依据。当企业需要通过银行对外支付时，先填写对外支付申请的票据，加盖印鉴。银行经过核对，确认对外支付申请上的印鉴与预留印鉴相符后，方可代企业进行支付。

存款人为单位的，其预留银行印鉴一般由2～3个印章组成，如单位的公章、财务主管和出纳员私章；财务专用章、法定代表人和出纳员的私章等。

按内部控制制度的要求，银行印鉴必须由两人或两人以上的人员分别保管。

图3-29 银行转账支票存根

中国建设银行　**进账单**　（回　单）　①

2019 年 8 月 7 日

出票人	全　称	（006）南华市兴盛工贸有限公司	收款人	全　称	（005）南华市青青工业品贸易公司
	账　号	45001604851367916126		账　号	45001604851367315677
	开户银行	建行南华市滨江支行		开户银行	工行南华市青山支行

金额	人民币 （大写）	柒万贰仟叁佰元整	亿	千	百	十	万	千	百	十	元	角	分
						¥	7	2	3	0	0	0	0

票据种类	转账支票	票据张数	1	
票据号码	30063268			
	复核　　　　　记账		出票人开户银行签章	

此联开户行交持（出）票人的回单

注：一式三联，第一联 回单、第二联 贷方凭证、第三联 收账通知。

图3-30　银行进账单（回单）

（三）转账支票结算方式业务流程及其凭证传递程序

转账支票结算方式业务流程及其凭证传递程序如图3-31所示。

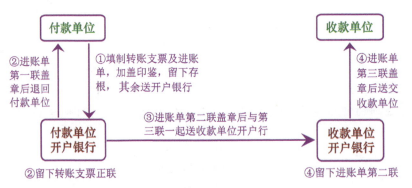

图3-31　转账支票结算方式业务流程及其凭证传递程序

说明：

① 付款单位出纳员填制转账支票及进账单，一式三联（复写），在转账支票（正联）上加盖银行印鉴，留下"存根"联，其余送开户银行办理转账付款手续。

② 付款单位开户银行审核受理后，留下转账支票（正联）作为减少付款单位存款的记账依据；同时，在进账单"回单"联上加盖受理印章后退给付款单位，作为银行存款减少的记账依据。

③ 付款单位开户银行在"贷方凭证"联加盖受理印章，与"收账通知"联一并送交收款单位开户银行。

④ 收款单位开户银行留下进账单"贷方凭证"联作为增加收款单位存款增加的记账依据；同时，在"收账通知"联加盖受理印章后交收款单位，作为银行存款增加的记账依据。

【例3-7】

【**业务内容**】银行办理转账付款手续。

【**情景**】银行营业员许曼华接到付款单位出纳员张红红交来的转账支票正联和银行进账

单。银行相关岗位人员如下。

付款单位开户银行营业员：许曼华

收款单位开户银行营业员：杨晓倩

【要求】银行营业员办理转账付款手续。

【业务处理过程】

（1）银行营业员许曼华经审核无误，留下转账支票（正联），如图3-32所示；在进账单"回单"联上加盖受理印章后退给付款单位，如图3-33所示。

图3-32　银行转账支票（正联）

图3-33　银行进账单（回单）

（2）在进账单"贷方凭证"联加盖受理印章（见图3-34），与"收账通知"联（见图3-35）一并送交收款单位开户银行。

（3）收款单位开户银行营业员杨晓倩留下进账单"贷方凭证"联（见图3-34）；同时，在"收款通知"联加盖受理印章后交收款单位，如图3-36所示。

中国建设银行 **进账单** （贷方凭证）　②

2019 年 8 月 7 日

出票人	全　称	（006）南华市兴盛工贸有限公司	收款人	全　称	（005）南华市青青工业品贸易公司									
	账号	45001604851367916126		账号	45001604851367315677									
	开户银行	建行南华市滨江支行		开户银行	工行南华市青山支行									
金额	人民币（大写）	柒万贰仟叁佰元整				亿	千	百	十	万	千	百	十	元	角	分
									¥	7	2	3	0	0	0	0
	票据种类	转账支票	票据张数	1										
	票据号码	30063268												
		复核　　　记账			出票人开户银行签章									

中国建设银行股份有限公司
南华市滨江支行
2019.08.07
办讫章
（5）

此联收款人开户行作贷方凭证

图3-34　银行进账单（贷方凭证）

中国建设银行 **进账单** （收账通知）　③

2019 年 8 月 7 日

出票人	全　称	（006）南华市兴盛工贸有限公司	收款人	全　称	（005）南华市青青工业品贸易公司									
	账号	45001604851367916126		账号	45001604851367315677									
	开户银行	建行南华市滨江支行		开户银行	工行南华市青山支行									
金额	人民币（大写）	柒万贰仟叁佰元整				亿	千	百	十	万	千	百	十	元	角	分
									¥	7	2	3	0	0	0	0
	票据种类	转账支票	票据张数	1										
	票据号码	30063268												
		复核　　　记账			收款人开户银行签章									

此联收款人开户行交收款人的收账通知

图3-35　银行进账单（收账通知）

中国建设银行 **进账单** （收账通知）　③

2019 年 8 月 7 日

出票人	全　称	（006）南华市兴盛工贸有限公司	收款人	全　称	（005）南华市青青工业品贸易公司									
	账号	45001604851367916126		账号	45001604851367315677									
	开户银行	建行南华市滨江支行		开户银行	工行南华市青山支行									
金额	人民币（大写）	柒万贰仟叁佰元整				亿	千	百	十	万	千	百	十	元	角	分
									¥	7	2	3	0	0	0	0
	票据种类	转账支票	票据张数	1										
	票据号码	30063268												
		复核　　　记账			收款人开户银行签章									

中国工商银行股份有限公司
南华市青山支行
2019.08.07
办讫章
（2）

此联收款人开户行交收款人的收账通知

图3-36　银行进账单（收账通知）

知识链接

在实际工作中，银行在办理转账付款过程中，需要按照银行内部控制制度要求进行复核、审批，具体内容将在项目四中的任务二"银行业务处理"介绍。

（四）索取提货单和增值税专用发票

提货单是提取商品、物资的凭证；增值税专用发票是报账和进项税抵扣的凭证。购货单位支付货款后应及时向销售单位索取提货单和增值税专用发票。

销售单位确认收到货款后，应开具增值税专用发票，将发票联、抵扣联交购货单位作为购进商品的记账依据和进项税抵扣凭证；同时在出库单的提货单（仓库记账）联加盖财务结算章，交购货单位作为提货的凭证（详见本项目任务二"销售业务处理"）。

知识链接

购货方支付货款后，采购员应及时索取增值税专用发票的发票联和抵扣联、出库单的提货联，并认真审核，如有错漏，应立即向销售单位提出，以便及时更正。

二、办理运输手续

取得提货单后，采购业务员应到运输公司办理运输的有关手续，包括办理托运、支付运费、索取运费发票等。

（一）办理托运业务

托运业务是购货单位委托物流公司运送货物的业务。托运单是货物运输的委托和受托的书面证明。公路运输托运单的基本格式如图3-37所示。

公 路 运 输 托 运 单

No：

托运单位： 开单日期： 年 月 日

提货单号码：		装货地点：					卸货地点：		
货物品名	计量单位	件数	数量	货物单价	计费数量	运输里程（千米）	单位运价（元/千米）	运费金额	
合 计									

<table>
<tr><td rowspan="4">托运事项</td><td>1.是否危险品（ ）</td><td rowspan="3"></td><td rowspan="3"></td></tr>
<tr><td>2.有自备机具装车（ ）</td></tr>
<tr><td>3.有自备机具卸车（ ）</td></tr>
<tr><td>备注</td><td>托运单位盖章
年 月 日</td><td>承运单位盖章
年 月 日</td></tr>
</table>

（右侧竖排：第一联：存根）

承运单位经办人（签名）： 托运单位经办人（签名）：

注：一式四联，第一联 存根（黑色）、第二联 托运人留存（红色）、第三联 财务留存（绿色）、第四联 司机回执（紫色）。

图3-37 公路运输托运单的基本格式

托运单一般由受托的物流公司填写，经双方签名盖章后生效。托运单的填制方法将在项目四中的任务一"运输业务处理"介绍。

（二）办理支付运费手续

托运业务完成后，托运方应及时办理支付运费手续，支付运费手续与支付货款基本相同，包括办理支付运费的申请审批手续、办理转账的付款手续。

【例3-8】

【业务内容】支付运费。

【情景】购货单位业务员毛逸民委托南华一路通运输有限公司运送商品，公路运输托运单如图3-38所示。南华一路通运输有限公司相关资料如下：

单位名称：南华一路通运输有限公司。

开户银行：农行南华市新民支行。

银行账号：45001658051050507854。

公路运输托运单

No：201500316

托运单位： （006）南华市兴盛工贸有限公司　　　　　开单日期：　2019 年 8 月 7 日

提货单号码：		装货地点：005公司					卸货地点：006公司		
货物品名	计量单位	件数	数量	货物单价	计费数量	运输里程（千米）	单位运价（元/千米）	运费金额	
电冰箱	台	3	30	2 410	30	90	0.964	2 602.80	
合　　计									
托运事项	1.是否危险品（　） 2.有自备机具装车（　） 3.有自备机具卸车（　）				托运单位盖章 2019 年 8 月 7 日			承运单位盖章 2019 年 8 月 7 日	
备注									

承运单位经办人（签名）：黄坚强　　　　　托运单位经办人（签名）：毛逸民

图3-38　公路运输托运单

【要求】办理支付运费手续。

【业务处理过程】

（1）购货单位业务员毛逸民根据托运单及相关资料，填写支付运费的付款申请表，并送交有关人员审批，如图3-39所示；然后将付款申请表交给出纳员张红红。

（2）出纳员张红红接到付款申请表，经审核无误后，填写转账支票和银行进账单，按规定加盖银行印鉴，如图3-40所示；然后留下转账支票存根，将转账支票正联和银行进账单（见图3-41）送交银行办理，并取回了经银行盖章的进账单（回单），如图3-42所示。

付　款　申　请　表

2019 年 8 月 7 日

收款单位全　称	南华一路通运输有限公司	付款方式	转账
开户银行	农行南华市新民支行	账号	45001658051050507854
付款金额（大写）	贰仟陆佰零贰元捌角整	（小写）：¥	2 602.80
款项用途	西口牌电冰箱 （kk19v61ti）30台 运费2 602.80元		
申请部门	业务部	经办人（签名）	毛逸民
部门主管审批意见	同意支付　　黄海　　2019 年 8 月 7 日		
财务主管审批意见	同意支付　　张倩茜　　2019 年 8 月 7 日		
单位负责人审批意见	同意支付　　刘国军　　2019 年 8 月 7 日		

图3-39　付款申请表

小提示

　　在综合实训活动中，可能会设置运输公司若干个，需要通过运输公司编号进行区分（如"运输一""运输二""运输三""运输四"等），因此，在填制相关表格、凭证时，应注明运输公司的编号，如"（运输一）南华一路通运输有限公司"等。

中国建设银行 转账支票存根

10504520
30063269

附加信息

出票日期 2019 年 8 月 7 日

收款人：	南华一路通运输有限公司
金　额：	2 602.80
用　途：	电冰箱运费

单位主管　　会计

付款期限自出票之日起十天

中国建设银行 转账支票　　10504520 30063269

出票日期（大写）贰零壹玖 年 捌 月零柒日　　付款行名称：建行南华市滨江支行

收款人：南华一路通运输有限公司　　出票人账号：45001604851367916126

人民币（大写）	亿	千	百	十	万	千	百	十	元	角	分
贰仟陆佰零贰元捌角整					¥	2	6	0	2	8	0

用途 电冰箱运费　　密码

上列款项请从我账户内支付　　符号

出票人签章　　南华市兴盛工贸有限公司 财务专用章　　红张印红　　复核　　记账

图3-40　银行转账支票（正联）

中国建设银行 进账单（回　单）　①

2019 年 8 月 7 日

出票人		收款人	
全　称	（006）南华市兴盛工贸有限公司	全　称	南华一路通运输有限公司
账　号	45001604851367916126	账　号	45001658051050507854
开户银行	建行南华市滨江支行	开户银行	农行南华市新民支行

金额 人民币（大写）	亿	千	百	十	万	千	百	十	元	角	分
贰仟陆佰零贰元捌角整					¥	2	6	0	2	8	0

票据种类	转账支票	票据张数	1
票据号码	30063269		

复核　　记账　　出票人开户银行签章

此联开户行交持（出）票人的回单

注：一式三联，第一联 回单、第二联 贷方凭证、第三联 收账通知。

图3-41　银行进账单（回单）

中国建设银行 进账单（回　单）　①

2019 年 8 月 7 日

出票人		收款人	
全　称	（006）南华市兴盛工贸有限公司	全　称	南华一路通运输有限公司
账　号	45001604851367916126	账　号	45001658051050507854
开户银行	建行南华市滨江支行	开户银行	农行南华市新民支行

金额 人民币（大写）	亿	千	百	十	万	千	百	十	元	角	分
贰仟陆佰零贰元捌角整					¥	2	6	0	2	8	0

票据种类	转账支票	票据张数	1
票据号码	30063269		

中国建设银行股份有限公司 南华市滨江支行 2019.08.07 办讫章（5）

复核　　记账　　出票人开户银行签章

此联开户行交持（出）票人的回单

图3-42　银行进账单（回单）

（三）索取运输发票

　　货物运输业增值税专用发票是托运单位报账和进项税抵扣的凭证。购货单位支付运费后，应及时向运输公司索取运费发票。

　　运输公司确认收到运费后，应根据托运单及相关资料开具货物运输业增值税专用发票，将"抵扣联"（见图3-43）、"发票联"（见图3-44）交托运单位，作为运输费用的记账依据和进项税抵扣凭证。

　　货物运输业增值税专用发票的具体填制及传递方法将在项目四中的任务一"运输业务处理"介绍。

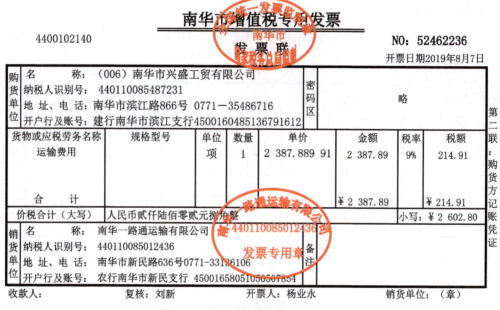

图3-43　增值税专用发票（抵扣联）

图3-44　增值税专用发票（发票联）

小提示

托运单位支付运费后，采购业务员应及时索取运输发票，并认真审核，如有错漏，应立即向销售单位提出，以便及时更正。

三、办理入库手续

商品入库单是商品入库的书面凭证，是有关部门登记账簿的依据。商品运送到达仓库后，应及时验收入库，并填制商品入库单。

（一）入库单的基本格式

商品入库单应具备入库商品的相关信息和基本要素，商品入库单的基本格式如图3-45所示。

商 品 入 库 单　　No：3062293

供货单位：　　　　　　　　　　　　　　　　　　　　　　　　开单日期：　　年　月　日

商品名称	型号、规格	计量单位	单价	应 收 数		实 收 数		盈亏数（＋、－）		
				数量	金额	数量	金额	数量	金额	
										第一联：存根
合　计										

复核：　　　　　　会计：　　　　　　　　验收：　　　　　　　　制单：

注：一式四联，第一联：存根（黑色）、第二联：仓库记账（红色）、第三联：财务记账（绿色）、第四联：业务记账（紫色）。

图3-45　商品入库单的基本格式

（二）商品入库单的填制方法

商品入库单相关要素的填制方法如下。

供货单位：填写供货单位（销售方）的单位名称。

开单日期：填写开具商品入库单的日期。

品　　名：填写入库商品名称。

型号规格：填写入库商品的型号规格。

单　　价：填写入库商品购进价格（不含税价）。

应　收　数：填写应收到的商品数量及其货款金额。即货物发票上的商品数量、金额或销售方收取货款的商品数量、金额。

实收数"数量"：填写实际收到的商品数量。

实收数"金额"：按实收数量和单价计算，即单价×实收数量。在实收数量等于应收数量的情况下，实收数"金额"应按应收数"金额"填写。也就是说，只要数量不盈不亏，金额也应该不盈不亏。

盈　亏　数：填写入库商品溢余或短缺的数量、金额。即实收数大于应收数为溢余，以"＋"表示；实收数小于应收数为短缺，以"－"表示。

（三）商品入库单的填制及传递程序

按照企业内部控制制度的要求，商品入库单的填制不能由一个人单独完成，而必须由两个或两个以上相关责任人员共同完成。

在综合实训中，商品入库单的填制应由采购业务员、仓库保管员、会计人员及复核人员按照职责分工来共同完成。具体填制方法及其传递程序如下。

步骤一： 采购业务员按取得的增值税专用发票填制商品入库单，一式四联（复写），填写内容包括供货单位、开单日期、商品名称、型号、规格、计量单位、单价、应收数的数量和金额等，签名并加盖业务专用章后留下存根联，作为登记业务进销存账的应收数的依据，其余三联交仓库保管员。

步骤二： 保管员根据商品入库单和运输公司送来的商品验收入库，并按实收数量填写商品入库单的实收数的数量，一式三联（复写），签名后一起交会计结算。

步骤三： 会计人员对商品入库单进行审核后计算填写货款金额，签名后交给复核人员复核。

步骤四： 复核人员对商品入库单（第2～4联）进行复核，签名并加盖财务结算章，留下"财务记账"联作为财务部门的记账依据，"业务记账"联交业务员记账，"仓库记账"联交保管员记账。

【例3-9】

【业务内容】办理商品入库。

【情景】采购业务员毛逸民从销售方取得购货的增值税专用发票"发票联"（见图3-12）和"抵扣联"（见图3-13）；商品运到，仓库保管员季强经点验商品实物，实际收到商品3件，共30台。

【要求】办理商品入库手续。

【业务操作过程】

（1）毛逸民根据增值税专用发票填制商品入库单，如图3-46所示，留下"存根"联，将第2～4联送到仓库交给仓库保管员季强。同时，将增值税专用发票"发票联"和"抵扣联"交给会计员单丽娜。

商 品 入 库 单   No：3062293

供货单位：（005）南华市秀吉工业品贸易公司　　　开单日期：2019 年 8 月 7 日

商品名称	型号规格	计量单位	单价	应收数		实收数		盈亏数（+、-）		
				数量	金额	数量	金额	数量	金额	
西口牌电冰箱	kk19v61ti	台	2 132.74	30	63 982.30					第一联：存根
合　计										

复核：　　　　会计：　　　　　验收：　　　　　制单：**毛逸民**

注：一式四联，第一联：存根、第二联：仓库记账、第三联：财务记账、第四联：业务记账。

图3-46　商品入库单（存根）

（2）保管员季强接到业务员毛逸民交来的商品入库单（第2～4联），经与收到的商品实物核对无误，按点验结果填写实收数，如图3-47所示；然后将商品入库单（第2～4四联）送到财务部交给会计员单丽娜。

商 品 入 库 单　　No：3062293

供货单位：（005）南华市青岛工业品贸易公司　　　　开单日期：2019 年 8 月 7 日

商品名称	型号规格	计量单位	单价	应 收 数		实 收 数		盈亏数（+、-）	
				数量	金额	数量	金额	数量	金额
西口牌电冰箱	kk19v61ti	台	2 132.74	30	63 982.30	30			
合　计									

保管员填写实收数

第二联：仓库记账

复核：　　　　会计：　　　　验收：季强　　　制单：毛逸民

注：一式三联，第二联：仓库记账、第三联：财务记账、第四联：业务记账。

图3-47　商品入库单（仓库记账）

（3）会计员单丽娜接到季强交来的商品入库单，经审核无误后，计算货款金额并签名，如图3-48所示，然后将商品入库单（第2～4联）送交财务部经理张倩茜复核。

商 品 入 库 单　　No：3062293

供货单位：（005）南华市青岛工业品贸易公司　　　　开单日期：2019 年 8 月 7 日

商品名称	型号规格	计量单位	单价	应 收 数		实 收 数		盈亏数（+、-）	
				数量	金额	数量	金额	数量	金额
西口牌电冰箱	kk19v61ti	台	2 132.74	30	63 982.30	30	63 982.30		
合　计									

会计员填写实收金额

第二联：仓库记账

复核：　　　　会计：单丽娜　　　验收：季强　　　制单：毛逸民

注：一式三联，第二联：仓库记账、第三联：财务记账、第四联：业务记账。

图3-48　商品入库单（仓库记账）

（4）财务部经理张倩茜接到单丽娜交来的商品入库单，对照买卖合同的相关内容，经审核无误后，签名并加盖财务结算章，然后退给会计员单丽娜。

（5）会计员单丽娜留下"财务记账"联（见图3-49），将"仓库记账"联（见图3-50）送到仓管部交给保管员季强，将"业务记账"联（见图3-51）送到业务部交给采购业务员毛逸民。

图3-49　商品入库单（财务记账）

图3-50　商品入库单（仓库记账）

商　品　入　库　单　　No：3062293

供货单位　（005）南华市青青工业品贸易公司　　开单日期：2019 年 8 月 7 日

商品名称	型号规格	计量单位	单价	应收数		实收数		盈亏数（＋、一）	
				数量	金额	数量	金额	数量	金额
西口牌电冰箱	kk19v61ti	台	2 132.74	30	63 982.30	30	63 982.30		
合　计									

复核：张倩茜　　　　会计：单丽娜　　　　验收：季强　　　　制单：毛逸民

图3-51　商品入库单（业务记账）

四、编制记账凭证、登记账簿

采购业务完成后，有关部门应根据采购业务过程中所取得的有关原始凭证进行处理，包括财务部门会计账务处理、登记账簿；业务、仓库部门登记账簿等。

（一）采购业务完成后各岗位人员应取得的原始凭证

1. 会计员：

（1）购买商品的增值税专用发票的"发票联"和"抵扣联"。

（2）商品运输的增值税专用发票的"发票联"和"抵扣联"。

（3）支付货款的付款申请表、转账支票存根、银行进账单"回单"联。

（4）支付运费的付款申请表、转账支票存根、银行进账单"回单"联。

（5）商品入库单的"财务记账"联。

2. 业务员：商品入库单的"存根"联、"业务记账"联。

3. 保管员：商品入库单的"仓库记账"联。

（二）编制商品采购的记账凭证

采购业务完成，会计员应该根据取得的购进商品的发票、运费发票及支付货款、支付运费的相关原始凭证，经审核无误后编制商品购进的记账凭证。

（1）增值税专用发票"发票联"是确认商品购进的原始凭证，"抵扣联"是进项税额抵扣的原始凭证，应根据增值税专用发票的货款金额（不含税）借记"在途物资"；根据税额借记"应交税费——应交增值税（进项税额）"。

（2）货物运输业增值税专用发票"发票联"是确认商品运费的原始凭证，"抵扣联"是进项税额抵扣的原始凭证，应根据其运费金额（不含税）借记"销售费用"；根据税额借记"应交税费——应交增值税（进项税额）"。

（3）银行进账单"回单"联，表明银行存款减少，应根据进账单的金额借记"银行存款"，转账支票存根和付款申请表应作为支付款项的附件。

（三）编制商品入库的记账凭证

商品采购完成并验收入库后，会计人员应根据取得的商品入库单，经审核无误后编制结转在途商品入库的记账凭证。

商品入库单"财务记账"联是商品入库的原始凭证，表明库存商品增加，应根据商品入库单的金额借记"库存商品"，贷记"在途物资"。

【例3-10】

【业务内容】编制记账凭证。

【情景】会计员单丽娜在采购过程中填制或取得的原始凭证如下。

（1）购买商品的增值税专用发票的"发票联"（见图3-12）和"抵扣联"（见图3-13）。

（2）商品运输的增值税专用发票的"抵扣联"（见图3-43）和"发票联"（见图3-44）。

（3）支付货款的付款申请表（见图3-25）、转账支票存根（见图3-32）、银行进账单"回单"联（见图3-33）。

（4）支付运费的付款申请表（见图3-39）、转账支票存根（见图3-40中的存根）、银行进账单"回单"联（见图3-42）。

（5）商品入库单的"财务记账"联（见图3-49）。

【要求】根据原始凭证编制记账凭证。

【业务处理过程】

（1）会计员单丽娜认真地审查、核对收到的原始凭证，确认没有错误。

（2）根据购买商品的增值税专用发票、商品运输的增值税专用发票和银行进账单"回单"联编制商品采购的记账凭证，如图3-52所示。

记 账 凭 证

2019 年 8 月 7 日　　　　记 字 1 号

摘要	总账科目	明细科目	借方金额										√	贷方金额										√
			千	百	十	万	千	百	十	元	角	分		千	百	十	万	千	百	十	元	角	分	
购进西口	在途物资				6	3	9	8	2	3	0													
牌电冰箱	应交税费	应交增值税（进项税额）				8	5	3	2	6	1													
	销售费用					2	3	8	7	8	9													
	银行存款														7	4	9	0	2	8	0		
合　　　　计			¥	7	4	9	0	2	8	0				¥	7	4	9	0	2	8	0		

附件 10 张

会计主管：　　　　记账：　　　　复核：　　　　制单：单丽娜

图3-52　记账凭证

（3）根据商品入库单编制结转商品入库的记账凭证，如图3-53所示。

 知识链接

① 根据《小企业会计准则》规定，商品流通企业在商品采购过程中发生的运杂费，直接计入"销售费用"。

② 增值税专用发票的"抵扣联"可以集中存放，留交税务机关核准备查，也可以交税务机关核准后与记账凭证一起装订。实训中，统一与记账凭证一起装订，因此，图3-52记账凭证的附件共10张。

（四）登记账簿

1. 会计员登记库存商品明细账

会计员应根据结转在途商品入库的记账凭证（见图3-53）及其所附原始凭证（见图3-49）登记"库存商品明细账"的增加，登记完成的库存商品明细账如图3-54所示。

2. 采购业务员登记"业务进销存账"

采购业务员应根据商品入库单"存根"联（见图3-46）登记"业务进销存账"增加的应收数，如图3-55所示；根据商品入库单"业务记账"联（见图3-51）登记"业务进销存账"增加的实收数，如图3-56所示。

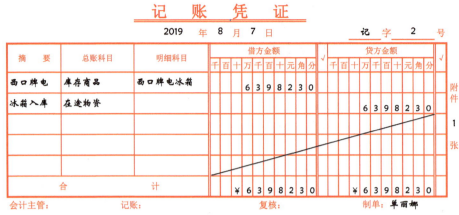

记 账 凭 证

2019 年 8 月 7 日　　　　　　记 字 2 号

摘 要	总账科目	明细科目	借方金额	√	贷方金额	√	附件
			千百十万千百十元角分		千百十万千百十元角分		
西口牌电	库存商品	西口牌电冰箱	6 3 9 8 2 3 0				1
冰箱入库	在途物资				6 3 9 8 2 3 0		张
合　　　　　计			¥6 3 9 8 2 3 0		¥6 3 9 8 2 3 0		

会计主管：　　　　记账：　　　　复核：　　　　制单：单丽娜

图3-53　记账凭证

库 存 商 品 明 细 账

品名规格 西口牌电冰箱 kk19v61ti　　　产地 北京　　　计量单位 台　　　总第　　页　分第　　页

2019年		凭证		摘要	单价	借方（收入）				贷方（发出）				结 存				保本期	保利期
月	日	字	号			购进数量	其他数量	金额		销售数量	其他数量	金额		数量	均价	金额			
								百十万千百十元角分				百十万千百十元角分				百十万千百十元角分			
8	7	记	2	购入	2 132.74	30		6 3 9 8 2 3 0						30	2 132.74	6 3 9 8 2 3 0			

图3-54　库存商品明细账

业 务 进 销 存 账

品名：西口牌电冰箱　　　规格：kk19v61ti　　　计量单位：台　　　单价：2 132.74　　　总第　　页　分第　　页　　存放地点：

2019年		凭证号	摘 要	收入（增加）				发出（减少）				结 存		核对
月	日			应收数		实收数		计划数		实发数		件数	数量	
				件数	数量	件数	数量	件数	数量	件数	数量			
8	7		购进		30									

图3-55　业务进销存账（登记应收数）

业 务 进 销 存 账

品名：西口牌电冰箱　　　规格：kk19v61ti　　　计量单位：台　　　单价：2 132.74　　　总第　　页　分第　　页　　存放地点：

2019年		凭证号	摘 要	收入（增加）				发出（减少）				结 存		核对
月	日			应收数		实收数		计划数		实发数		件数	数量	
				件数	数量	件数	数量	件数	数量	件数	数量			
8	7		购进		30		30						30	

图3-56　业务进销存账（登记实发数）

3. 仓库保管员登记实物保管账

仓库保管员应根据商品入库单的"仓库记账"联（见图3-50）登记"实物保管账"的增加数，如图3-57所示。

实 物 保 管 账

品名：*西口牌电冰箱*　　规格：**kk19v61ti**　　计量单位：**台**　　单价：**2 132.74**　　　总第　　页 分第　　页
存放地点：

2019 年		凭证号	摘　　要	收 入（增加）				发 出（减少）				结　存		核对
月	日			应收数		实收数		计划数		实发数				
				件数	数量	件数	数量	件数	数量	件数	数量	件数	数量	
8	7		购进		30	3	30					3	30	

图3-57　实物保管账

五、将采购完成的商品销售给代理公司

各公司按客户求购订单的要求采购完成的商品，应及时销售给代理公司（本实训中求购客户总代理），以收回货款，实现盈利。

为简化起见，各公司将采购完成的商品销售给代理公司，本实训按以下简化程序进行。

（一）办理销售业务

1. 各公司根据采购完成的商品和客户求购单价（见附录C"客户求购订单明细表"），按岗位职责分工和规定程序填制及传递商品出库单；开票员根据商品出库单按规定开具增值税专用发票。具体方法参见本项目任务二"销售业务处理"。

2. 业务员持增值税专用发票"发票联"、"抵扣联"和商品，前往指定的代理公司办理交货和收取货款手续。

3. 代理公司办理商品入库手续，并支付货款。代理公司的业务处理流程将在项目四中的任务三"代理业务处理"介绍。

 小提示

在实际工作中，各公司将采购完成的商品销售给求购客户，其业务处理过程与正常的销售业务处理相同。实训中，采用简化程序，不办理运输手续。

【例3-11】

【业务内容】 将采购完成的商品销售给代理公司。

【情景】 2019年8月7日，006公司已采购西口牌电冰箱30台，需要销售给代理公司。代理公司相关资料如下。

单位名称：南华商贸代理有限公司

地　　址：南华市星光大道859号

电　　话：0771－93659143

邮　　编：530647
开户银行：建行南华市高新支行
账　　号：4500160485136164583
纳税人识别号：4425100854872315

【要求】 填制出库单、开具增值税专用发票、送交商品、收取货款。

【业务处理过程】

（1）根据有关资料，（006）南华市兴盛工贸有限公司开具的商品出库单如图3-58～图3-61所示；开具的增值税专用发票如图3-62～图3-65所示。

商 品 出 库 单　　No：603502023

购货单位：南华商贸代理有限公司　　　　　　　　开单日期：2019 年 8 月 7 日

商品名称	型号规格	计量单位	计划数	实发数	单价	金额	内部核算资料	
---	---	---	---	---	---	---	单位成本	总成本
西口牌电冰箱	kk19v61ti	台	30		2 550.00			
合　计								
合计金额（大写）								

会计：　　　　保管：　　　　提货：　　　　　　制单：毛逸民

第一联：存根

图3-58　商品出库单（存根）

（2）业务员毛逸民持增值税专用发票"发票联"、"抵扣联"和商品前往南华商贸代理有限公司办理交货和收取货款手续。

（3）南华商贸代理有限公司验收商品后付款。银行转来的进账单（收账通知）如图3-66所示。

商 品 出 库 单　　No：603502023

购货单位：南华商贸代理有限公司　　　　　　　　开单日期：2019 年 8 月 7 日

商品名称	型号规格	计量单位	计划数	实发数	单价	金额	内部核算资料	
---	---	---	---	---	---	---	单位成本	总成本
西口牌电冰箱	kk19v61ti	台	30	30	2 550.00	76 500.00		
合　计						76 500.00		
合计金额（大写）柒万陆仟伍佰元整								

会计：单丽娜　　保管：季强　　　提货：　　　　制单：毛逸民

第二联：提货单（仓库记账）

图3-59　商品出库单（提货单）

图3-60　商品出库单（财务记账）

图3-61　商品出库单（业务记账）

图3-62　增值税专用发票（存根联）

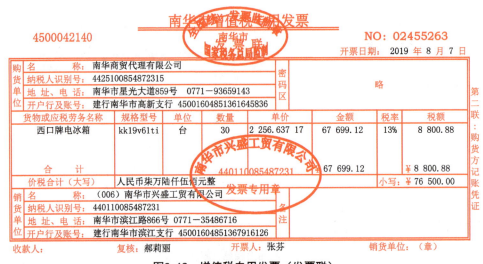

图3-63 增值税专用发票（发票联）

图3-64 增值税专用发票（抵扣联）

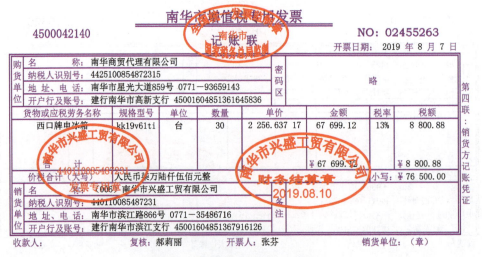

图3-65 增值税专用发票（记账联）

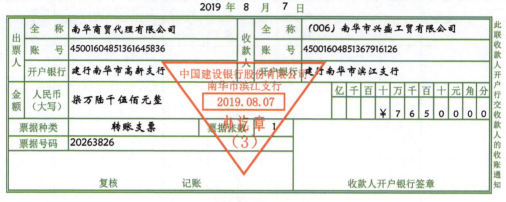

图3-66 银行进账单（收账通知）

 小提示

在综合实训活动中，可能会设置代理公司若干个，需要通过代理公司编号进行区分（如"代理一""代理二""代理三""代理四"等），因此，在填制相关表格、凭证时，应注明代理公司的编号，如"（代理三）南华商贸代理有限公司"等。

（二）编制记账凭证、登记账簿

各公司将采购完成的商品销售给代理公司，应根据销售过程中填制或取得的原始凭证进行处理，包括编制记账凭证、登记账簿，具体方法与正常销售业务相同，参阅本项目任务二"销售业务处理"，这里不再赘述。

任务四 编制销售利润核算表

学员任务

以销售单位职员身份，根据已销商品的增值税专用发票、货物运输业增值税专用发票、库存商品明细账及"税费标准"等相关资料编制销售利润核算表。

销售利润核算表是考核公司经营业绩的报表。在实训中，各商品流通企业要根据商品销售情况编制销售利润核算表。

销售利润核算表反映的是本期销售完成的商品所取得的利润，包括销售原有的库存商品和按客户求购订单销售给代理公司的商品两部分。

一、销售利润核算表基本格式

销售利润核算表基本格式如表3-1所示。

表3-1 销售利润核算表

单位名称：   金额单位：元

年		商品名称	规格型号	购货单位	计量单位	数量	销售收入		进货成本		运输费	其他流通费用	利润（+、−）
月	日						单价	金额	单价	金额			

备注："其他流通费用"按商品不含税进价的1.2%计算。

二、销售利润核算表编制方法

单位名称：填报单位的名称（实训中还要填写单位编号）。

商品名称：填写销售商品的名称。

规格型号：填写销售商品的规格型号。

计量单位：填写销售商品的计量单位，如吨、件、台。

数　　量：填写实际销售的数量。

销售收入：填写销售商品的不含税单价和金额（金额＝单价×数量）。

进货成本：填写销售商品的不含税进价和金额（金额＝单价×数量）。

运　输　费：购进该商品实际发生的运输费用（实训中，销售原有的库存商品，该栏不填）。

其他流通费用：按进货成本"金额"的1.2%计算。

利　　润：填写利润金额（亏损以"−"表示）。计算公式如下：

利润＝销售收入"金额"−进货成本"金额"−运输费−其他流通费用

【例3-12】

【业务内容】编制销售利润核算表。

【情景】（005）南华市青青工业品贸易公司销售北京产KK19V61TI西口牌电冰箱30台，

业务已经完成。相关原始凭证如下：

（1）增值税专用发票的"记账联"（见图3-14）。

（2）商品出库单"财务记账"联（见图3-17）。

【要求】编制销售利润核算表。

【业务处理过程】

（005）公司根据资料编制的销售利润核算表如表3-2所示。

表3-2　销售利润核算表

单位名称：（005）南华市青青工业品贸易公司　　　　　　　　　　　　　　　　　　　金额单位：元

| 2019年 | | 商品名称 | 规格型号 | 购货单位 | 计量单位 | 数量 | 销售收入 | | 进货成本 | | 运输费 | 其他流通费用 | 利润（＋、－） |
月	日						单价	金额	单价	金额			
8	7	西口牌电冰箱	kk19v61ti	（006）南华市兴盛工贸有限公司	台	30	2 132.74	63 982.30	1 951.00	58 530.00		702.36	4 749.94
		合　计											

注："其他流通费用"按商品不含税进价的1.2%计算。

【例3-13】

【业务内容】编制销售利润核算表。

【情景】（006）南华市兴盛工贸有限公司销售北京产KK19V61TI西口牌电冰箱30台，业务已经完成。相关原始凭证如下：

（1）增值税专用发票的"记账联"（见图3-65）。

（2）库存商品明细账（见图3-54）。

（3）商品运输的增值税专用发票的"抵扣联"（见图3-43）和"发票联"（见图3-44）。

【要求】编制销售利润核算表。

【业务处理过程】

（006）南华市兴盛工贸有限公司根据资料编制的销售利润核算表，如表3-3所示。

表3-3 销售利润核算表

单位名称： （006）南华市兴盛工贸有限公司   金额单位：元

| 2019年 | | 商品名称 | 规格型号 | 购货单位 | 计量单位 | 数量 | 销 售 收 入 | | 进 货 成 本 | | 运输费 | 其他流通费用 | 利润（+、—） |
月	日						单价	金额	单价	金额			
8	7	西口牌电冰箱	kk19v61ti	南华商贸代理有限公司	台	30	2 256.64	67 699.12	2 132.74	63 982.30	2 387.89	767.79	561.14
		合 计											

注：“其他流通费用”按商品不含税进价的1.2%计算。

项目四　其他业务处理

 引言

　　其他业务处理是指除购销业务以外的其他业务处理，包括运输公司、代理公司、银行机构等辅助单位的业务处理、库存商品盘点业务处理、会计期末业务处理等。

任务一　运输业务处理

学员任务

　　学员以受托运输公司各岗位职员的身份办理受托运输的相关业务，包括填制托运单、收取运费、开具运输费用发票、提货、送货等。

　　为了体现商品经营贸易活动的完整性，在实训活动中，设置运输公司若干个，作为商品交易活动的辅助机构。其主要职责是办理受托运输业务，收取运费，提货、送货。

一、办理受托运输业务

　　办理受托运输业务是运输公司办理接受托运单位委托的相关业务。办理受托业务主要通过托运单实现，托运单是委托和受托运输业务的书面证明，运输公司接受委托后应通过托运单确认。

（一）托运单的基本格式

　　托运单应具备受托运输货物的相关信息及基本要素，其基本格式如图4-1所示。

（二）托运单的填制方法

　　托运单相关要素的填制方法如下。

　　托运单位：填写托运单位的名称。

　　开单日期：填写开具托运单的日期。

　　提货单号码：填写提货单的编号。

　　装货地点：填写装货的具体地址。实训中填写销货单位的编号。

　　卸货地点：填写卸货的具体地址。实训中填写购货单位的编号。

公 路 运 输 托 运 单

No:

托运单位：　　　　　　　　　　　　　　　　　　　　开单日期：　　年　月　日

提货单号码：			装货地点：				卸货地点：		
货物品名	计量单位	件数	数量	货物单价	计费数量	运输里程（千米）数	单位运价（元/千米）	运费金额	
									第一联：存根
合　计									
托运事项	1.是否危险品（　）								
	2.有自备机具装车（　）								
	3.有自备机具卸车（　）		托运单位盖章　年　月　日			承运单位盖章　年　月　日			
备注									

承运单位经办人（签名）：　　　　　　　　托运单位经办人（签名）：

注：一式四联，第一联 存根、第二联 托运人留存、第三联 财务留存、第四联 回执。

图4-1　公路运输托运单

货物品名：填写运输货物的名称。

计量单位：填写运输货物的计量单位。

件　　数：填写运输货物的件数（按包装成大件的件数计量）。

数　　量：填写运输货物的数量（按计量单位计量）。

货物单价：填写运输货物的含税单价。

计费数量：填写计算运费的货物数量。实训中，计费数量与运输货物的数量相同。

运输里程：填写装货地点与卸货地点的运输距离（千米）。实训中，按购货单位与销售单位之间的相对距离计算。

单位运价：填写每单位商品1千米的运费。实训中的计算方法如下：

单位运价＝货物单价×每千米运输费率

运费金额：填写运输货物的运费金额（含税）。实训中的计算方法如下：

运费金额＝单位运价×计费数量×运输里程

（三）托运单的填制及其传递程序

实训中，托运单的填制及其传递程序如下。

1.运输公司业务员根据托运单位业务员提供的提货单填制公路货物托运单，一式四联。

2.经双方签名并加盖公章后，受托方业务员留下第一联（存根），其余三联交给会计人员办理收款手续。

3.会计人员确认收到托运单第2～4联，经审批无误，并确认收到运费后，加盖收款戳记，留下第三联（财务留存）备查，将第二联（托运人留存）交托运单位留存，第四联（回执）交给业务员。同时，委托方业务员将提货单交给受托方业务员，以便提货、送货。

【例4-1】

【业务内容】填制公路运输托运单。

【情景】（006）南华市兴盛工贸有限公司，采购业务员毛逸民持提货单（见图4-2），委托南

72

华一路通运输有限公司运送商品。南华一路通运输有限公司相关信息如下。

　　单位名称：南华一路通运输有限公司

　　业 务 员：黄坚强

　　提 运 员：姚建钧

　　会 计 员：余力（兼复核）

　　徐雅文（兼开票员）

商 品 出 库 单　　　No：201500316

购货单位：（006）南华市兴盛工贸有限公司　　　　　　　　开单日期：2019 年 8 月 7 日

商品名称	型号规格	计量单位	计划数	实发数	单价	金额	内部核算		第二联：提货单（仓库记账）
							单位成本	总成本	
西口牌电冰箱	kk19v61ti	台	30	30	2 410.00	72 300.00			
合　计						72 300.00			
合计金额（大写） 柒万贰仟叁佰元整									

会计：张芬　　　保管：王小平　　　提货：　　　　　　　制单：赵宁

图4-2　商品出库单（提货单）

【要求】受托业务员填制并传递托运单。

【业务操作过程】

（1）运输公司业务员黄坚强与委托方业务员毛逸民协商一致，根据相关资料填制托运单，一式四联，由双方签名并加盖公章，如图4-3所示。

公 路 运 输 托 运 单　　　No：201500316

托运单位：（006）南华市兴盛工贸有限公司　　　　　　　　开单日期：2019 年 8 月 7 日

提货单号码：				装货地点：005公司			卸货地点：006公司		
货物品名	计量单位	件数	数量	货物单价	计费数量	运输里程（千米）	单位运价（元/千米）	运费金额	第一联：存根
电冰箱	台	3	30	2 410.00	30	90	0.964	2 602.80	
合　　计								2 602.80	
托运事项	1.是否危险品（　）								
	2.有自备机具装车（　）								
	3.有自备机具卸车（　）				托运单位盖章 2019 年 8 月 7 日		承运单位盖章 2019 年 8 月 7 日		
备注									

承运单位经办人（签名）：黄坚强　　　　　　托运单位经办人（签名）：毛逸民

注：一式四联，第一联 存根、第二联 托运人留存、第三联 财务留存、第四联 业务留存。

图4-3　公路运输托运单（存根）

（2）留下第一联（存根），其余三联交给会计员余力。

（3）会计员余力确认收款后，加盖收款戳记，留下第三联（见图4-4）；将第二联（见图4-5）交给委托方业务员毛逸民；第四联（见图4-6）交给受托方业务员黄坚强。

公路运输托运单

No：201500316

托运单位：（006）南华市兴盛工贸有限公司　　　　　　　开单日期：　2019 年 8 月 7 日

提货单号码：			装货地点：005公司				卸货地点：006公司		
货物品名	计量单位	件数	数量	货物单价	计费数量	运输里程（千米）	单位运价（元/千米）	运费金额	
电冰箱	台	3	30	2 410.00	30	90	0.964	2 602.80	
			转账收讫						
合　计								2 602.80	
托运事项	1.是否危险品（　）								
	2.有自备机具装车（　）					托运单位盖章		承运单位盖章	
	3.有自备机具卸车（　）					2019 年 8 月 7 日		2019 年 8 月 7 日	
备注									

承运单位经办人（签名）：黄坚强　　　　　　　　托运单位经办人（签名）：毛逸民

图4-4　公路运输托运单（财务留存）

（第三联：财务留存）

公路运输托运单

No：201500316

托运单位：（006）南华市兴盛工贸有限公司　　　　　　　开单日期：　2019 年 8 月 7 日

提货单号码：			装货地点：005公司				卸货地点：006公司		
货物品名	计量单位	件数	数量	货物单价	计费数量	运输里程（千米）	单位运价（元/千米）	运费金额	
电冰箱	台	3	30	2 410.00	30	90	0.964	2 602.80	
			转账收讫						
合　计								2 602.80	
托运事项	1.是否危险品（　）								
	2.有自备机具装车（　）					托运单位盖章		承运单位盖章	
	3.有自备机具卸车（　）					2019 年 8 月 7 日		2019 年 8 月 7 日	
备注									

承运单位经办人（签名）：黄坚强　　　　　　　　托运单位经办人（签名）：毛逸民

（第二联：托运人留存）

图4-5　公路运输托运单（托运人留存）

知识链接

实训中，运输费用的计算标准为每千米按含税价格的0.4‰计算；购货单位与销售单位之间的运输距离（千米数）可以在项目一表1-1中查阅。

图4-6 公路运输托运单（业务留存）

二、收取运费

运输公司收取运费与商品销售单位收取货款的手续相同。实训中，确认收到运费的原始凭证是开户银行转来的进账单（收账通知）联（参阅项目三任务二"销售业务处理"的相关内容）。

三、开具运费发票

确认收款后，开票员应开具货物运输业增值税专用发票。

（一）货物运输业增值税专用发票的基本格式

货物运输业增值税专用发票的基本格式如图4-7所示。

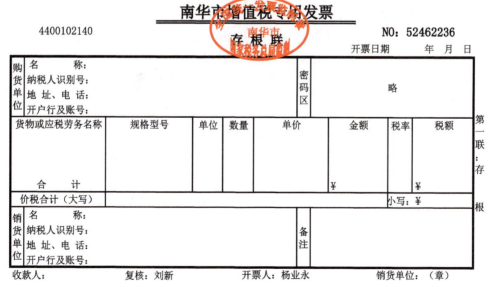

图4-7 增值税专用发票

注：一式四联，第一联存根（黑色）、第二联抵扣联（绿色）、第三联发票联（青色）、第四联记账联（紫色）。

（二）货物运输业增值税专用发票的填制方法

货物运输业增值税专用发票应由开票员开具，具体填制方法如下。

开票日期：填写开具发票的具体日期。

承运人及纳税人识别号：填写受托运输公司的纳税人识别号。

实际受票方及纳税人识别号：填写实际最终接受发票单位的纳税人识别号。实训中为购货方。

收货人及纳税人识别号：填写收货单位的纳税人识别号。实训中为购货方。

发货人及纳税人识别号：填写发货单位的纳税人识别号。实训中为销售方。

费用项目及金额：填写运费、包装费、装卸费等项目及费用金额（不含税）。实训中填写运费及金额。

运输货物信息：填写运输货物的品名、数量等相关信息。

合计金额：填写各费用项目的合计金额（不含税）。

税　　率：填写货物运输的增值税税率。现行税率为11%。

税　　额：填写增值税税额（税额＝合计金额×税率）。

价税合计：填写运输费用的价税合计金额（价税合计＝合计金额＋税额）。

（三）货物运输业增值税专用发票的填制及其传递程序

货物运输业增值税专用发票的填制及其传递程序与销售货物的增值税专用发票的填制及其传递程序基本相同。具体参阅项目三任务二“销售业务处理”中增值税专用发票的填制及其传递的相关内容。

【例4-2】

【业务内容】开具运费发票。

【情景】受托运输公司会计员余力收到银行转来的进账单（收账通知），如图4-8所示，相关单位的纳税人识别号如下。

承运人：南华一路通运输有限公司　440110085012436

收货人：（006）南华市兴盛工贸有限公司　440110085487231

发货人：（005）南华市青青工业品贸易公司　440122316560323

中国建设银行　进账单（收账通知）　③

2019 年 8 月 7 日

出票人	全　称	(006)南华市兴盛工贸有限公司	收款人	全　称	南华一路通运输有限公司
	账　号	45001604851367916126		账　号	45001658051050507854
	开户银行	建行南华市浈江支行		开户银行	农行南华市新民支行
金额	人民币（大写）	贰仟陆佰零贰元捌角整		亿千百十万千百十元角分	¥ 2 6 0 2 8 0
票据种类	转账支票	票据张数	1		
票据号码	30063269				
复核　记账			收款人开户银行签章		

此联收款人开户行交收款人的收账通知

中国农业银行股份有限公司 南华市新民支行 2019.08.07 办讫章 (2)

图4-8　银行进账单（收账通知）

知识链接

受托运输公司收取运费，应由托运单位办理，托运单位办理支付运费的手续已在项目三中介绍，具体参阅项目三任务三"采购业务处理"中支付运费的相关内容。

【要求】开具货物运输业增值税专用发票。

【业务处理过程】

（1）运输公司开票员徐雅文根据托运单及相关资料开具货物运输业增值税专用发票（见图4-9）。留下存根联后，将第2～4联交给会计人员余力复核。

（2）会计员余力收到开票员交来的货物运输业增值税专用发票第2～4联后，经核对检查，确定无误后签名；将"抵扣联"（见图4-10）和"发票联"（见图4-11）交给托运单位业务员毛逸民；在"记账联"（见图4-12）加盖财务结算章后，作为确认运费收入的原始凭证。

图4-9 增值税专用发票（存根联）

知识链接

在实际工作中，托运单的运费金额一般为含税金额，开具货物运输业增值税专用发票时应换算为不含税金额，在计算运费金额及税额的过程中，应保留5位以上的小数。

含税运费金额的换算公式如下。

不含税金额＝含税金额÷（1＋适用增值税税率）

＝含税金额÷（1＋10%）

货物运输业增值税专用发票的价税合计金额应与托运单的合计金额一致。

图4-10 增值税专用发票（抵扣联）

南华市增值税专用发票

4400102140

NO：52462236

开票日期2019年8月7日

抵扣联

购货单位	名　　　称：(006)南华市兴盛工贸有限公司						密码区	略		
	纳税人识别号：440110085487231									
	地址、电话：南华市滨江路866号 0771－35486716									
	开户行及账号：建行南华市滨江支行4500160485136791612									
货物或应税劳务名称	规格型号	单位	数量	单价		金额		税率	税额	
运输费用		项	1	2 387.889 91		2 387.89		9%	214.91	
合　　计						¥ 2 387.89			¥ 214.91	
价税合计（大写）	人民币贰仟陆佰零贰元捌角整							小写：¥ 2 602.80		
销货单位	名　　　称：南华一路通运输有限公司						备注			
	纳税人识别号：440110085012436									
	地址、电话：南华市新民路636号0771-33136106									
	开户行及账号：农行南华市新民支行 45001658051050507854									

收款人：　　　　　复核：刘新　　　　　开票人：杨业永　　　　　销货单位：（章）

图4-11 增值税专用发票（发票联）

知识链接

　　在实际工作中，增值税专用发票必须是计算机开票，且必须由指定持证的开票人员开具，计算机打印，本实训中由会计人员采用手工开具。

南华市增值税专用发票

4400102140　　　　　　　　　记账联　　　　　　NO：52462236

开票日期2019年8月7日

购货单位	名　　称：（006）南华市兴盛工贸有限公司 纳税人识别号：440110085487231 地址、电话：南华市滨江路866号 0771－35486716 开户行及账号：建行南华市滨江支行4500160485136791612				密码区	略			第四联：销货方记账凭证
货物或应税劳务名称	规格型号	单位	数量	单价		金额	税率	税额	
运输费用		项	1	2 387.889 91		2 387.89	9%	214.91	
合　　计						￥2 387.89		￥214.91	
价税合计（大写）	人民币贰仟陆佰零贰元捌角整						小写：￥2 602.80		
销货单位	名　　称：南华一路通运输有限公司 纳税人识别号：440110085012436 地址、电话：南华市新民路636号0771-33136106 开户行及账号：农行南华市新民支行 45001658051050507854						备注		

收款人：　　　　复核：刘新　　　　开票人：杨业永　　　　销货单位：（章）

图4-12　增值税专用发票（记账联）

四、提货、送货

运输公司收取运费后，应及时安排提运人员到销售单位提货，然后送到收货单位交货。

提运人提货，应当凭"提货单"前往装货地点提货，点收商品，并在提货单上签字确认后，提取货物。具体参阅项目三任务二"销售业务处理"中保管员发货的相关内容。

提运人送货，应当持"送货单"，将货物送往卸货地点收货单位，由收货单位的保管员验收货物后，在送货单上签字确认。

（一）送货单的基本格式

送货单应当具备运送货物的相关信息及基本要素，其基本格式如图4-13所示。

送　货　单

收货单位＿＿＿＿＿＿＿＿＿＿　　　　　开单日期＿＿＿＿＿＿

地　　址＿＿＿＿＿＿＿＿＿　电话＿＿＿＿＿　收货日期＿＿＿＿＿＿

序号	货物名称	型号规格	计量单位	件数	数量	单价	金额	第一联：存根

收货人：　　　　　　送货人：　　　　　　制单：

注：一式三联，第一联 存根、第二联 业务（回执）、第三联 提运人留存。

图4-13　送货单的基本格式

（二）送货单的填制方法

送货单相关要素的填制方法如下。

收货单位：填写收货单位的名称。

开单日期：填写开具送货单的日期。

地　　址：填写收货单位（卸货）的地址。

电　　话：填写收货单位的联系电话。

收货日期：填写收货单位收到货物的日期。

数　　量：填写运送货物的实际数量。

单　　价：填写运输货物的含税单价。

金　　额：填写运送货物的货款金额（含税，金额=数量×单价）。

（三）提货、送货的具体程序

1.运输公司业务员收到会计人员交来的托运单（业务留存），填制送货单，一式三联，签名并加盖"业务专用章"，留下存根，将第2~3联及"提货单"交给提运人。

2.运输公司提运人持"提货单"前往装货地点提货，点收商品，并在提货单上签字确认后，提取货物。

3.运输公司提运人提取货物后，持"送货单"将货物送往卸货地点收货单位，由收货单位的保管员验收货物后，在送货单上签字确认；留下送货单第三联（提运人留存）备查，将第二联（回执）交给运输公司业务员存查。

【例4-3】

【业务内容】运输公司提货、送货。

【情景】运输公司业务员黄坚强收到会计人员交来托运单（业务留存）联（见图4-6）。

【要求】受托运输公司办理提货、送货手续。

【业务操作过程】

（1）运输公司业务员填制送货单一式三联，签名并加盖"业务专用章"，如图4-14所示；留下存根，将第2~3联及"提货单"（见图4-2）交给提运员姚建钧。

送　货　单

收货单位	（006）南华市展威工贸有限公司				开单日期		2019年8月7日	
地　址	（006）公司仓库		电话	0771—35486716	收货日期			
序号	货物名称	型号规格	计量单位	件数	数量	单价	金　额	
	西口牌电冰箱	kk19v61ti	台	3	30	2 410.00	72 300.00	第一联：存根
	合　计						72 300.00	

收货人：　　　　　送货人　姚建钧　　　　　制单　黄坚强

注：一式三联，第一联 存根、第二联 业务（回执）、第三联 提运人留存。

图4-14　送货单（存根）

（2）提运员姚建钧持"提货单"前往装货地点（005）公司提货，点收商品，并在提货单上签字确认后，提取货物；持"送货单"将货物送往卸货地点交给收货单位保管员。

（3）收货单位保管员季强验收货物后，在送货单上填写收货日期并签字确认。

（4）运输公司提运员留下送货单第三联（提运人留存），如图4-15所示，将第二联（回执）（见图4-16）交给运输公司业务员黄坚强。

图4-15 送货单（回执）

图4-16 送货单（提运人留存）

任务二 银行业务处理

学员任务

学员以银行职员的身份按照岗位职责分工的要求，办理与实训活动相关的各项业务。

在实训活动中，银行营业机构的职责主要是办理贷款发放和收回、日常支付结算、转账存款、存款利息计付、贷款利息计收等业务。

一、开立账户

各银行按照企业名称、账号等资料，办理开户单位预留银行印鉴和开设账户。

（一）办理开户单位预留印鉴

预留银行印鉴是存款人在银行开立银行结算账户时留存的、凭以办理款项支付结算的权利证明，也是开户银行办理支付结算的审核依据。预留银行印鉴作为控制支付风险的一项重要手段，在银行与企业账务往来中起着举足轻重的作用。

预留银行印鉴通过印鉴卡实现。在实训中，印鉴卡分为正卡和副卡。正卡由银行保管使用，副卡由银行受理签章后退开户单位保管。

【例4-4】

【业务内容】开户单位办理预留银行印鉴。

【情景】2019年8月1日，实训开始，（006）南华市兴盛工贸有限公司出纳员张红红到建行南华市滨江支行要求办理预留印鉴手续。（006）南华市兴盛工贸有限公司相关资料如下。

单位名称：（006）南华市兴盛工贸有限公司

地　　址：南华市滨江路866号

联系电话：0771－35486716

账　　号：45001604851367916126

【要求】银行营业员办理开户单位预留印鉴手续。

【业务处理过程】

（1）（006）南华市兴盛工贸有限公司填写印鉴卡片（正、副卡），加盖印模（拟作为预留印鉴的印章），交给银行业务员审核。

（2）银行业务员经审核无误，交给银行负责人审批，签名并加盖银行印章后，留下银行印鉴卡（正卡），如图4-17所示，交银行营业员保管使用；银行印鉴卡（副卡）如图4-18所示，退给开户单位。

图4-17　银行印鉴卡（正卡）

図4-18　银行印鉴卡（副卡）

知识链接

　　银行预留的印鉴，可以由两个或三个印章组成，一般是财务专用章和法人代表（或者是其授权的一个人），经办人名字的印章（俗称"小印"）。根据实训的实际情况和教学的要求，为了简化手续，本实训活动统一预留两个印章，由财务专用章和出纳员名字的印章组成。

　　保管印鉴卡的银行营业员负责日常支付业务的验印工作。验印完毕，验印人和复审人在支付凭证（如支票）的印鉴右下方签章，以示负责。

（二）开设账户

　　在商品交易活动开始之前，各银行应根据各单位的期初余额等相关资料开设账户，包括基本存款账户和贷款账户，分别用于登记开户单位的存款和贷款的增减变动情况。银行账户的基本格式如图4-19所示。开设账户一般为一式两联（复写），其中第二联于期末交给开户单位作为对账单。

図4-19　银行账户的基本格式

在实训活动中，银行应按照实训给定的在本行开户的单位的期初资料（综合实训时另行通知）开设账户。

【例4-5】

【业务内容】开设账户。

【情景】2019年8月1日，银行营业员接到如图4-17所示的“印鉴卡片”，同时接到各开户单位的存款余额和贷款余额等相关资料，其中，（006）南华市兴盛工贸有限公司的存款余额30万元、贷款余额100万元。贷款账户为4500160485136791 6126-1。

【要求】银行营业员分别开设基本存款账户和贷款账户。

【业务处理过程】

银行营业员根据（006）南华市兴盛工贸有限公司印鉴卡片及余额情况，开设基本账户，如图4-20所示；贷款账户，如图4-21所示。

中国建设银行 建行南华市滨江支行

单位活期存款 明细账

本账页次
本户页次

户名：（006）南华市兴盛工贸有限公司　账号：45001604851367916126　月利率：

2019年 月	日	记账凭证 字	号	摘要	借方（亿千百十万千百十元角分）	✓	贷方（亿千百十万千百十元角分）	✓	借或贷	余额（亿千百十万千百十元角分）	日数	积数	✓
8	1			上年结转					贷	30000000			

图4-20　基本存款账户

中国建设银行 建行南华市滨江支行

单位短期贷款 明细账

本账页次
本户页次

户名：（006）南华市兴盛工贸有限公司　账号：45001604851367916126－1　利率：

2019年 月	日	记账凭证 字	号	摘要	借方（亿千百十万千百十元角分）	✓	贷方（亿千百十万千百十元角分）	✓	借或贷	余额（亿千百十万千百十元角分）	日数	积数	✓
8	1			上年结转					借	100000000			

图4-21　贷款账户

二、贷款发放业务

在实训活动中，企业根据采购业务需要可以向银行申请短期借款，开户银行在合理范围内应予以支持。贷款发放业务包括办理借款申请审批手续、办理贷款发放手续。

（一）办理借款申请、审批手续

在实训活动中，采购单位购入商品，如果存款不足支付货款，应向银行申请短期借款。具体程序如下。

1. 借款单位填写"借款申请书"，一式两份（见图4-22），经有关人员签名并加盖单位公章后送银行审批。

2. 银行信贷业务员审核签名、银行负责人审批签名并加盖银行印章，然后由银行营业员办理贷款发放手续。

借 款 申 请 书

我公司拟购进以下商品(见附表)需要资金约＿＿＿＿＿＿万元，因资金不足，现特向贵行申请＿＿＿＿＿＿借款＿＿＿＿＿＿万元，请审批。

附：购进商品明细表

申请单位（公章）：

申请 时 间：　　　　　　　年 月 日

购进商品明细表	品　名	型号、规格	计量单位	数　量	单　价	金　额
	合　计					

银行审批意见	信贷部意见（签名）	
	行长意见（签名）	
		银 行（公章） 年 月 日

图4-22　借款申请书

知识链接

在实际工作中，贷款的审批是银行信贷部门按照审贷分离、分级审批的贷款管理制度进行贷款的审批。经审批同意贷款后，银行（贷款人）应与借款人签订借款合同，合同上应注明贷款种类、贷款用途、金额、利率、还款期限、还款方式、违约责任和双方认为需要约定的其他事项。为了提高实训的可操作性，在实训中，采用简化的办法。

（二）办理借款发放手续

借款申请经审批后，银行业务员应据以办理贷款发放手续。办理贷款发放手续包括填制"贷款借据"，借款单位加盖银行印鉴。

【例4-6】

【业务内容】 发放贷款。

【情景】 2019年8月7日，银行营业员接到（006）南华市兴盛工贸有限公司出纳员张红红交来（见图4-23）的"借款申请书"，要求办理手续。

借 款 申 请 书

我公司拟购进以下商品(见附表)需要资金约 __捌__ 万元，因资金不足，现特向贵行申请 __流动资金__ 借款 __捌__ 万元，请审批。

附：购进商品明细表

申请单位（公章）：

申请 时 间：

南华市兴盛工贸有限公司
2019 年 8 月 7 日
合同专用章

	品　名	型号、规格	计量单位	数量	单价	金　额
购进商品明细表	西口牌电冰箱	kk19v61ti	台	30	2 410.00	72 300.00
	合　计					72 300.00

银行审批意见	信贷部意见（签名）	同意贷款陆万元整 易军华 2019年8月7日
	行长意见（签名）	同意贷款陆万元整 安建兴 2019年8月7日
		中国农业银行股份有限公司南华市英江支行 *信贷业务专用章* 银　行（公章） 2019 年 8 月 7 日

图4-23　借款申请书

【要求】 银行营业员办理贷款发放手续。

【业务处理过程】

（1）银行营业员经审核无误，根据"借款申请书"填制贷款借据，一式四联，由借款单位出纳员张红红按规定加盖银行印鉴及公司法人代表印章（见图4-24）。

中国建设银行　　**贷 款 借 据**　　　　①

银行编号：　　　　　　　2019 年 8 月 7 日

借款单位	（006）南华市兴盛工贸有限公司	贷款申请书号码										
贷款账号	45001604851367916126—1	存款账号	45001604851367916126								
借款金额（大写）	捌万元整	千	百	十	万	千	百	十	元	角	分	还款日期
				￥	8	0	0	0	0	0	0	2019年11月6日
银行核定金　额	陆万元整	银行核定还款日期	2019年11月6日
		银行实际放出日期	2019年8月7日

兹向你行贷到上列周转借款贷款，到期时，请凭此借据从本单位存款账户内收回。

中国××银行××市　　　　　　　　　　此致

预留印鉴　　　　　　　　　　　　　　　负责人（章）

备　　注

还款记录	还款日期	还款金额	未还金额	记账员	复核员

注：本借据以银行核定的金额、日期为准。

第一联：借方传票

注：一式四联，第一联"借方传票"、第二联"贷方传票"、第三联"回单"、第四联"信贷部门留存"。

图4-24　银行贷款借据（借方传票）

（2）银行营业员留下第一联（借方传票）（见图4-24），并据以登记"单位短期贷款明细账"的增加（接图4-21）如图4-25所示；在第二联（贷方传票）盖章后（见图4-26），据以登记"单位活期存款明细账"的增加（接图4-20），如图4-27所示；在第三联（回单）盖章后（见图4-28），退回借款单位；在第四联（信贷部门留存）盖章后（见图4-29），交给信贷部门留存。

中国建设银行　建行南华市滨江支行

单位短期贷款　明细账

		本账页次	
		本户页次	

户名：（006）南华市兴盛工贸有限公司　　账号：45001604851367916126—1　　年利率：

2019 年		记账凭证		摘　要	借　方											√	贷　方											√	借或贷	余　额											日数	积　数	√
月	日	字	号		亿	千	百	十	万	千	百	十	元	角	分		亿	千	百	十	万	千	百	十	元	角	分			亿	千	百	十	万	千	百	十	元	角	分			
8	1			上月结转																									借		1	0	0	0	0	0	0	0	0			
	7			借款				6	0	0	0	0	0	0														借		1	0	6	0	0	0	0	0	0			

图4-25　单位短期贷款明细账

知识链接

　　企业的银行借款，对银行来说，属于银行的资产（应收款项），因此，在"单位短期贷款明细账"中，贷款增加，在借方反映，贷款减少，在贷方反映；企业在银行的存款，对银行来说，属于银行的负债（应付款项），因此，在"单位活期存款明细账"中，存款增加，在贷方反映，存款减少，在借方反映。

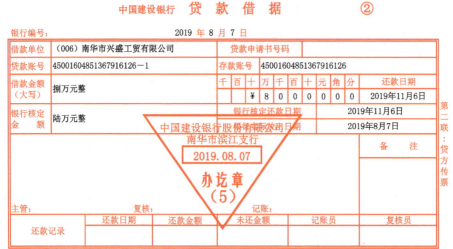

图4-26 银行贷款借据（贷方传票）

中国建设银行　建行南华市滨江支行

单位活期存款　明细账

本账页次	
本户页次	

户名：（006）南华市兴盛工贸有限公司　账号：45001604851367916126　年利率：

2019年		记账凭证		摘要	借方										√	贷方										√	借或贷	余额										日数	积数	√
月	日	字	号		亿	千	百	十	万	千	百	十	元	角	分		亿	千	百	十	万	千	百	十	元	角	分		亿	千	百	十	万	千	百	十	元	角	分			
8	1			上月结转																								贷			3	0	0	0	0	0	0	0			
	7			借款存入															6	0	0	0	0	0	0		贷			3	6	0	0	0	0	0	0			

图4-27 单位活期存款明细账

图4-28 银行贷款借据（回单）

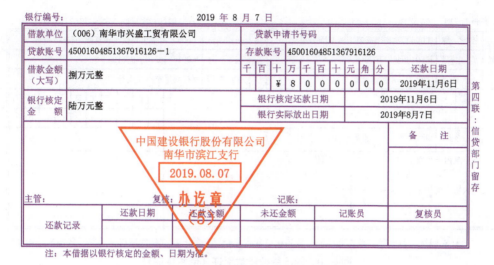

图4-29　银行贷款借据（信贷部门留存）

知识链接

在实际工作中，"贷款借据"一般为一式五联，第五联为检查卡。在实训中，统一采用简化的办法。

三、贷款收回业务

贷款收回方式分为借款人主动归还和银行主动扣收两种，两种方式的业务处理程序有所不同，具体处理程序如下。

（一）借款人主动归还

1.借款单位填制"贷款还款凭证"，按规定加盖预留印鉴后送交银行。

2.银行业务员经审核无误后，办理还款手续。

【例4-7】

【业务内容】归还借款。

【情景】2019年8月7日，（006）南华市兴盛工贸有限公司出纳员张红红持填制并加盖单位银行印鉴的"贷款还款凭证"（见图4-30），要求银行营业员办理归还短期借款手续。

【要求】银行营业员办理贷款收回手续。

【业务处理过程】

银行营业员经审核无误，留下第一联（借方凭证）（见图4-30），据以登记"单位活期存款明细账"的减少（接图4-27），如图4-31所示；在第二联（贷方凭证）盖章后（见图4-32），据以登记"单位短期贷款明细账"的减少（接图4-25），如图4-33所示；在第三联（回单）盖章后（见图4-34），退回借款单位；在第四联（信贷部门留存）盖章后（见图4-35），交给信贷部门留存。

中国建设银行　**贷款还款凭证**（借方传票）　①

凭证开出日期　2019 年 8 月 7 日　　　　　　　　银行转账日期　2019 年 8 月 7 日

付款人	全　称	（006）南华市兴盛工贸有限公司	贷款账户	全　称	（006）南华市兴盛工贸有限公司									
	账　号	45001604851367916126		账　号	45001604851367916126－1									
	开户银行	建行南华市滨江支行		开户银行	建行南华市滨江支行									

人民币（大写）	贰拾万元整		千	百	十	万	千	百	十	元	角	分
				¥	2	0	0	0	0	0	0	0

贷款种类		周转借款	原借款金额	

此借款由上列账户归还
此致
中国建设银行南华市滨江支行

借款单位预留银行印鉴
（银行主动扣收贷款时盖章）

财务专用章

红张印红

审单　　复核　　记账

第一联：借方凭证

注：一式四联，第一联"借方凭证"、第二联"贷方凭证"、第三联"信贷部门留存"、第四联"回单"。

图4-30　银行贷款还款凭证（借方凭证）

中国建设银行　建行南华市滨江支行

单位活期存款　**明细账**

本账页次
本户页次

户名：（006）南华市兴盛工贸有限公司　　账号：45001604851367916126　　年利率：

2019年		记账凭证		摘要	借方										√	贷方										√	借或贷	余额										日数	积数	√
月	日	字	号		亿	千	百	十	万	千	百	十	元	角	分		亿	千	百	十	万	千	百	十	元	角	分		亿	千	百	十	万	千	百	十	元	角	分			
8	1			上年结转																								贷			3	0	0	0	0	0	0	0			
	7			借款存入																	6	0	0	0	0	0	0	贷			3	6	0	0	0	0	0	0			
	7			还款				2	0	0	0	0	0	0	0												贷			1	6	0	0	0	0	0	0			

图4-31　单位活期存款明细账

中国建设银行　**贷款还款凭证**（贷方传票）　②

凭证开出日期　2019 年 8 月 7 日　　　　　　　　银行转账日期　2019 年 8 月 7 日

付款人	全　称	（006）南华市兴盛工贸有限公司	贷款账户	全　称	（006）南华市兴盛工贸有限公司									
	账　号	45001604851367916126		账　号	45001604851367916126－1									
	开户银行	建行南华市滨江支行		开户银行	建行南华市滨江支行									

人民币（大写）	贰拾万元整		千	百	十	万	千	百	十	元	角	分
				¥	2	0	0	0	0	0	0	0

贷款种类	周转借款	原借款金额	

中国建设银行股份有限公司
南华市滨江支行
2019.08.07
办讫章
（5）

开户银行（章）　　　　　审单　　复核　　记账

第二联：贷方凭证

图4-32　银行贷款还款凭证（贷方凭证）

中国建设银行　建行南华市滨江支行

单位短期贷款　明细账

本账页次	
本户页次	

户名：（006）南华市兴盛工贸有限公司　　账号：45001604851367916126－1　　年利率：

2019年		记账凭证		摘要	借方		贷方		借或贷	余额	日数	积数	√
月	日	字	号		亿千百十万千百十元角分	√	亿千百十万千百十元角分	√		亿千百十万千百十元角分			
8	1			上年结转					借	1 0 0 0 0 0 0 0 0			
	7			借款	6 0 0 0 0 0 0				借	1 0 6 0 0 0 0 0 0			
	7			还款			2 0 0 0 0 0 0 0		借	8 6 0 0 0 0 0 0			

图4-33　单位短期贷款明细账

中国建设银行　**贷款还款凭证**（回　单）　　③

凭证开出日期　2019 年 8 月 7 日　　　　　　　银行转账日期　2019 年 8 月 7 日

付款人	全　称	（006）南华市兴盛工贸有限公司	贷款账户	全　称	（006）南华市兴盛工贸有限公司
	账　号	45001604851367916126		账　号	45001604851367916126－1
	开户银行	建行南华市滨江支行		开户银行	建行南华市滨江支行

人民币（大写）	贰拾万元整		千百十万千百十元角分
			￥ 2 0 0 0 0 0 0 0
贷款种类	周转借款	原借款金额	

中国建设银行股份有限公司
南华市滨江支行
2019.08.07

办讫章
（5）

开户银行（章）　　　　　　　　　审单　　复核　　记账

第三联：回单

图4-34　银行贷款还款凭证（回单）

中国建设银行　**贷款还款凭证**（记账凭证）　　④

凭证开出日期　2019 年 8 月 7 日　　　　　　　银行转账日期　2019 年 8 月 7 日

付款人	全　称	（006）南华市兴盛工贸有限公司	贷款账户	全　称	（006）南华市兴盛工贸有限公司
	账　号	45001604851367916126		账　号	45001604851367916126－1
	开户银行	建行南华市滨江支行		开户银行	建行南华市滨江支行

人民币（大写）	贰拾万元整		千百十万千百十元角分
			￥ 2 0 0 0 0 0 0 0
贷款种类	周转借款	原借款金额	

中国建设银行股份有限公司
南华市滨江支行
2019.08.07

办讫章
（5）

开户银行（章）　　　　　　　　　审单　　复核　　记账

第四联：信贷部门留存

图4-35　银行贷款还款凭证（信贷部门留存）

（二）银行主动扣收

在实际工作中，贷款到期，如果借款人不主动归还贷款，而其存款账户的余额又足够还款时，银行会计部门在征得信贷部门的同意后，可由信贷部门出具"贷款收回通知单"，会计部门就可凭此填制一式四联的"还款凭证"扣还贷款。还款凭证各联的用途与借款人主动归还贷款相同。本实训中不采用这种方法，这里不作介绍。

四、支付结算和转账存款业务

（一）支付结算业务

支付结算业务是银行办理在本行开户的单位支付款项的业务。在转账支票结算方式下，支付结算业务处理流程如下。

1.银行收到在本行开户单位支付款项的转账支票及进账单（一式三联）后，应该认真审核，并且核对其账户是否有足够的存款。

2.经审核无误，应予以办理支付手续。留下转账支票正联作为减少付款单位存款的凭证；进账单的第一联（回单）盖章后退回付款单位；第二联（贷方凭证）盖章后与第三联（收账通知）一并送交收款单位的开户银行。

【例4-8】

【业务内容】 支付结算业务。

【情景】 接项目三【例3-7】银行办理转账付款手续和【例3-8】支付运费业务。

【要求】 付款单位开户银行营业员登记付款单位的"单位活期存款明细账"。

【业务处理过程】

建行南华市滨江支行营业员根据图3-32和图3-40（转账支票正联）登记（006）南华市兴盛工贸有限公司"单位活期存款明细账"（接图4-31）如图4-36所示。

中国建设银行 建行南华市滨江支行		本账页次		
单位活期存款 明细账		本户页次		

户名：（006）南华市兴盛工贸有限公司　　账号：45001604851367916126　　年利率：

2019年		记账凭证字号	摘要	借方 亿千百十万千百十元角分	√	贷方 亿千百十万千百十元角分	借或贷	余额 亿千百十万千百十元角分	日数	积数	√
月	日										
8	1		上年结转				贷	3 0 0 0 0 0 0 0			
	7		借款存入			6 0 0 0 0 0 0	贷	3 6 0 0 0 0 0 0			
	7		还款	2 0 0 0 0 0 0 0			贷	1 6 0 0 0 0 0 0			
	7		转账支付	7 2 3 0 0 0 0			贷	8 7 7 0 0 0 0			
	7		转账支付	2 6 0 2 8 0			贷	8 5 0 9 7 2 0			

图4-36　单位活期存款明细账

（二）转账存款业务

转账存款业务是银行办理在本行开户的单位收到其他单位转账存入款项的业务。在转账支票结算方式下，转账存款业务处理流程如下。

1.收款单位开户银行收到付款单位的开户银行转来的进账单第二联（贷方凭证）和第三

联（收账通知）后，应该认真审核。

2.经审核无误，留下第二联（贷方凭证）作为收款单位存款增加的凭证，第三联（收账通知）盖章后交收款单位，作为银行存款收入的凭证。

【例4-9】

【业务内容】转账存款业务。

【情景】接项目三【例3-7】银行办理转账付款手续。

【要求】收款单位开户银行营业员登记收款单位的办理转账存款业务。

【业务处理过程】

工行南华市青山支行营业员根据图3-34进账单（贷方凭证）登记（005）南华市青青工业品贸易公司"单位活期存款明细账"（假如期初余额30万元，没有其他收付业务发生），如图4-37所示。第三联（收账通知）盖章后交收款单位（见图3-36）。

中国工商银行 **南华市青山支行**

单位活期存款 **明细账**

本账页次
本户页次

户名：（005）南华市青青工业品贸易公司　账号：45001604851367315677　年利率：

2019年		记账凭证		摘要	借方	√	贷方	√	借或贷	余额	日数	积数	√
月	日	字	号		亿千百十万千百十元角分		亿千百十万千百十元角分			亿千百十万千百十元角分			
8	1			上月结转					贷	3 0 0 0 0 0 0 0			
	7			转账存入			7 2 3 0 0 0 0		贷	3 7 2 3 0 0 0 0			

图4-37　单位活期存款明细账

转账支票结算方式业务处理过程，参阅项目三任务三"采购业务处理"中转账支票结算方式业务处理流程的相关内容。

知识链接

持票人（收款人，下同）、出票人（付款人，下同）在同一银行营业机构开户的，经审查无误后，留下转账支票正联，据以登记付款单位存款的减少；进账单的第一联（回单）加盖转讫章后退回付款单位；第二联（贷方凭证）加盖办讫章后，据以登记收款单位存款的增加；第三联（收账通知）盖章后交收款单位，作为银行存款收入的凭证。

在实际工作中，付款单位开户银行接到持票人（收款人）送来的支票和一式三联进账单时，应认真审查以下内容：①支票是否是统一规定印制的凭证；②持票人（收款人）是否在本行开户；③支票是否真实；④提示付款期是否超过；⑤持票人的名称是否为该持票人，与进账单的名称是否一致；⑥出票人账户是否有足够的支付款项；⑦出票人的签章是否符合规定，与预留银行的签章是否相符；⑧支票的大小写金额是否一致，与进账单的金额是否相符；⑨出票金额、出票日期和收款人名称是否有更改的痕迹。经审查无误后，办理支付手续。

五、存款利息计付

存款利息计付是开户银行根据各单位存款情况计算并支付各存款单位的利息。

（一）计息方法

1.存款利息计算的基本公式

应计利息＝存款额×存期×利率

2.采用账页计息法

在实际工作中，活期存款一般采用"积数计息法"，并通过账页计算"积数"，具体方法如下。

在单位存款账户发生资金增加变动后，按上次最后余额乘以该余额的实际天数，即为积数，并分别把日数与积数计入账页上的"日数"和"积数"栏内。如果更换账页，应将累计积数过入新账页第一行内，待结息日营业终了，再计算出全部的应计天数和积数合计，以积数乘以日利率，即可得出应付利息额。其计算公式如下。

$$应计利息＝存款额×存期×利率$$
$$＝日积数×日利率$$
$$＝日积数×年利率÷360$$

【例4-10】

【业务内容】计算存款利息。

【情景】2019年8月7日，（006）南华市兴盛工贸有限公司2019年7月份"单位活期存款明细账"及其计算的积数如图4-38所示，年利率为7.2‰。

中国建设银行 建行南华市滨江支行

单位活期存款 明细账

本账页次	
本户页次	

户名：（006）南华市兴盛工贸有限公司　　账号：45001604851367916126　　月利率：

2019 年		记账凭证		摘要	借方 亿千百十万千百十元角分	√	贷方 亿千百十万千百十元角分	借或贷	余额 亿千百十万千百十元角分	日数	积数	√
月	日	字	号									
7	1			上月结转				贷	3 2 6 0 0 0 0 0	3	978000.00	
	4			支票转出	2 6 8 0 0 0 0 0			贷	5 8 0 0 0 0 0	4	232000.00	
	8			贷款存入			6 0 0 0 0 0 0	贷	1 1 8 0 0 0 0 0			
	8			支票转出	5 8 5 0 0 0 0			贷	5 9 5 0 0 0 0			
	8			支票转出	1 8 4 0 0 0			贷	5 7 6 6 0 0 0	3	172980.00	
	11			贷款存入			3 6 0 0 0 0 0	贷	4 1 7 6 6 0 0 0	5	2088300.00	
	16			支票转出	5 8 5 0 0 0 0			贷	3 5 9 1 6 0 0 0			
	16			支票转出	9 6 0 0 0 0			贷	3 5 8 2 0 0 0 0			
	16			还贷转出	3 0 0 0 0 0 0 0			贷	5 8 2 0 0 0 0	1	58200.00	
	17			贷款存入			1 0 0 0 0 0 0 0	贷	1 5 8 2 0 0 0 0			
	17			转账存入			6 0 0 0 0 0 0	贷	2 1 8 2 0 0 0 0	1	218200.00	
	18			支票转出	1 3 6 0 0 0 0			贷	8 2 2 0 0 0 0	2	164400.00	
	20			转账存入			2 3 0 0 0 0 0 0	贷	3 1 2 2 0 0 0 0	2	624400.00	
	22			转账存入			8 1 9 0 0 0 0	贷	3 9 4 1 0 0 0 0			
	22			转账存入			1 0 6 0 0 0 0	贷	5 0 0 1 0 0 0 0			
	22			还贷转出	2 0 0 0 0 0 0 0			贷	3 0 0 1 0 0 0 0	3	900300.00	
	25			支票转出	3 5 1 0 0 0 0			贷	2 6 5 0 0 0 0 0	2	530000.00	
	27			转账存入			3 5 0 0 0 0 0	贷	3 0 0 0 0 0 0 0	5	1500000.00	
				本月合计	1 0 5 8 9 0 0 0 0		1 0 3 2 9 0 0 0 0			31	7466780.00	

图4-38　单位活期存款明细账

小提示

在图4-38中，积数等于余额乘以该余额的天数，如：

7月1日余额为326 000元，存期3天（1～3日），即积数计算如下：

积数＝326 000×3＝978 000

7月4日余额为58 000元，存期4天（4～7日），即积数计算如下：

积数＝58 000×4＝232 000

【要求】开户银行营业员计算7月份应付存款的利息。

【业务处理过程】

银行营业员根据图4-38"单位活期存款明细账"计算的应付利息如下：

应付利息＝7 466 780×7.2‰÷360

　　　　＝149.34（元）

（二）支付利息

在实训中，银行支付存款利息的处理流程如下：由银行开具进账单一式三联，留下第一联（回单）作为银行支付利息的依据，第二联（贷方凭证）加盖转讫章后，据以登记"单位活期存款明细账"存款的增加，第三联（收账通知）盖章后交收款单位，作为银行存款收入的凭证。

【例4-11】

【业务内容】支付存款利息。

【情景】接【例4-10】，应付（006）南华市兴盛工贸有限公司2019年7月份活期存款利息149.34元。

【要求】开户银行营业员办理支付存款的利息。

【业务处理过程】

银行营业员开具进账单（一式三联），留下第一联（回单）；第二联（贷方凭证）加盖转讫章（见图4-39），并据以登记"单位活期存款明细账"存款增加（接图4-36），如图4-40所示；第三联（收账通知）盖章后交收款单位，作为银行存款收入的凭证（见图4-41）。

中国建设银行　**进账单**（贷方凭证）　　②

2019 年 8 月 7 日

出票人	全　称	建行南华市滨江支行	收款人	全　称	（006）南华市兴盛工贸有限公司
	账号			账号	45001604851367916126
	开户银行	建行南华市滨江支行		开户银行	建行南华市滨江支行
金额	人民币（大写）	壹佰肆拾玖元叁角肆分			亿 千 百 十 万 千 百 十 元 角 分　¥ 1 4 9 3 4
	票据种类				支付2019年7月份活期存款利息
	票据号码				年利率7.2‰，积数7 466 780
	复核		记账		收款人开户银行签章

中国建设银行股份有限公司
南华市滨江支行
2019.08.07
转讫章
（2）

此联收款人开户行作贷方凭证

图4-39　银行进账单（贷方凭证）

中国建设银行 建行南华市滨江支行

单位活期存款　　明细账

本账页次	
本户页次	

户名：（006）南华市兴盛工贸有限公司　　账号：45001604851367916126　　年利率：

2019年		记账凭证		摘　要	借　方										√	贷　方										√	借或贷	余　额										日数	积　数	√
月	日	字	号		亿	千	百	十	万	千	百	十	元	角	分		亿	千	百	十	万	千	百	十	元	角	分			亿	千	百	十	万	千	百	十	元	角	分			
8	1			上月结转																									贷			3	0	0	0	0	0	0	0			
	7			借款存入																	6	0	0	0	0	0	0	贷			3	6	0	0	0	0	0	0			
	7			还款				2	0	0	0	0	0	0	0													贷			1	6	0	0	0	0	0	0			
	7			转账支付					7	2	3	0	0	0	0													贷				8	7	7	0	0	0	0			
	7			转账支付						2	6	0	2	8	0													贷				8	5	0	9	7	2	0			
	7			利息存入																				1	4	9	3	4	贷				8	5	2	4	6	5	4			

图4-40　单位活期存款明细账

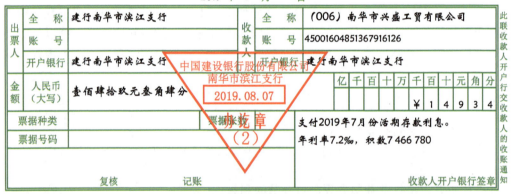

图4-41　银行进账单（收账通知）

 知识链接

　　在实际工作中，活期存款按季结息。在结息日结息时，应逐户填制计息清单（一式三联），审核无误后，一联盖业务公章交存款单位，其余两联分别代替借、贷方记账凭证留待次日办理转账。结息后，于次日将本次计算出的利息直接计入存款户，增加其余额。也可以采用"特种转账凭证"进行处理。本实训中，采用简化办法。

六、贷款利息计收

　　贷款利息计收是开户银行根据各单位借款情况计算并收取各借款单位的利息。

（一）计息方法

　　短期贷款计息方法与活期存款计息方法基本相同，采用账页计息法。在单位贷款账户发生资金增加变动后，按上次最后余额乘以该余额的实际天数，即为积数，并分别把日数与积数计入账页上的"日数"和"积数"栏内。如果更换账页，应将累计积数过入新账页第一行内，待结息日营业终了，再计算出全部的应计天数和积数合计，以积数乘以日利率，即可得出应付利息数。

（二）扣收利息

在实训中，银行扣收贷款利息的处理流程如下。

由银行开具进账单（一式三联），第一联（回单）盖章后交给付款单位，作为银行存款减少的依据，第二联（贷方凭证）加盖转讫章后据以登记"单位活期存款明细账"存款的减少，第三联（收账通知）盖章后作为银行利息收入的凭证。

【例4-12】

【业务内容】扣收贷款利息。

【情景】2019年8月7日，（006）南华市兴盛工贸有限公司2019年7月份"单位短期贷款明细账"及其计算的积数如图4-42所示，年利率为7.2%。

中国××银行 建行南华市滨江支行

单位短期贷款 明细账

户名：（006）南华市兴盛工贸有限公司　　账号：45001604851367916126－1　　年利率：

2019年		记账凭证字号	摘要	借方	贷方	借或贷	余额	日数	积数
月	日								
7	1		上月结转			借	9 800 000 00	7	6 860 000.00
	8		贷款	6 000 000 00		借	10 400 000 00	3	3 120 000.00
	11		贷款	3 600 000 00		借	14 000 000 00	5	7 000 000.00
	16		还贷		3 000 000 00	借	11 000 000 00	1	1 100 000.00
	17		贷款	1 000 000 00		借	12 000 000 00	10	12 000 000.00
	27		还贷		2 000 000 00	借	5 000 000 00	5	5 000 000.00
			本月合计	5 200 000 00	5 000 000 00			31	35 080 000.00

图4-42　单位短期贷款明细账

【要求】开户银行营业员办理扣收贷款利息。

【业务处理过程】

（1）银行营业员根据图4-42"单位短期贷款明细账"计算应收贷款利息如下：

应收利息＝35 080 000×7.2%÷360

＝7 016（元）

（2）银行营业员开具进账单（一式三联），第一联（回单）盖章后交给付款单位（见图4-43）；第二联（贷方凭证）加盖转讫章（见图4-44），据以登记"单位活期存款明细账"存款减少（接图4-40），如图4-45所示；第三联（收账通知）盖章后，作为银行利息收入的凭证。

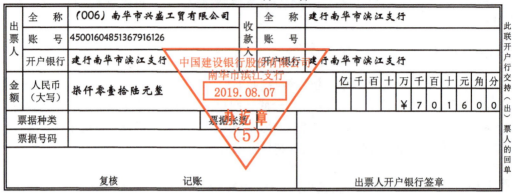

中国建设银行 **进账单** （回　单）　　①

2019 年 8 月 7 日

出票人	全　称	（006）南华市兴盛工贸有限公司	收款人	全　称	建行南华市滨江支行
	账　号	45001604851367916126		账　号	
	开户银行	建行南华市滨江支行		开户银行	建行南华市滨江支行
金额	人民币（大写）	柒仟零壹拾陆元整		亿千百十万千百十元角分	¥701600
票据种类		票据张数			
票据号码					
复核　记账				出票人开户银行签章	

此联开户行交持（出）票人的回单

中国建设银行股份有限公司 南华市滨江支行 2019.08.07 办讫章 (5)

图4-43　银行进账单（回单）

中国建设银行 **进账单** （贷方凭证）　　②

2019 年 8 月 7 日

出票人	全　称	（006）南华市兴盛工贸有限公司	收款人	全　称	建行南华市滨江支行
	账　号	45001604851367916126		账　号	
	开户银行	建行南华市滨江支行		开户银行	建行南华市滨江支行
金额	人民币（大写）	柒仟零壹拾陆元整		亿千百十万千百十元角分	¥701600
票据种类		票据张数			
票据号码					
复核　记账				出票人开户银行签章	

此联收款人开户行作贷方凭证

中国建设银行股份有限公司 南华市滨江支行 2019.08.07 办讫章 (5)

图4-44　银行进账单（贷方凭证）

中国建设银行 建行南华市滨江支行

单位活期存款　明细账

本账页次	
本户页次	

户名：（006）南华市兴盛工贸有限公司　账号：45001604851367916126　年利率：

2019年 月	日	记账凭证 字	号	摘　要	借方 亿千百十万千百十元角分	√	贷方 亿千百十万千百十元角分	√	借或贷	余额 亿千百十万千百十元角分	日数	积　数	√
8	1			上月结转					贷	30000000			
	7			借款存入			6000000		贷	36000000			
	7			还款	20000000				贷	16000000			
	7			转账支付	7230000				贷	8770000			
	7			转账支付	260280				贷	8509720			
	7			利息存入			14934		贷	8524654			
	7			贷款利息	701600				贷	7823054			

图4-45　单位活期存款明细账

知识链接

　　在实际工作中，短期贷款一般按季结息。银行会计部门计算出应计利息后，应编制传票，全部转入"应收利息"账户。然后根据计算的应收利息填制一式三联贷款利息通知单。如借款单位存款账户有足够的余额来支付贷款利息，则贷款利息通知单一联作为支款通知，另外两联分别代替借方和贷方传票办理转账；如借款单位存款账户无款支付，在合同期内，银行会计部门应根据有关规定计收复利，待该借款单位存款账户上有足够的余额来支付贷款利息时一并扣收。

　　对到期不能归还的贷款，银行应按规定加收罚息。

任务三　代理业务处理

学员任务

　　学员以代理公司各岗位职员的身份办理代理公司的相关业务，包括向参与实训的商品流通企业发出"客户求购订单"、按规定收购商品等。

　　为了体现商品经营实训活动的系统性和完整性，设置代理公司若干个。

　　在实训中，代理公司相当于商品求购客户的总代理，充当代购业务中介的角色，负责向各个商品流通企业发出"客户求购订单"，然后按"客户求购订单"的规定要求收购商品。

一、发出"客户求购订单"

　　在实训活动开始时，代理公司向各个商品流通企业发出"客户求购订单"，如附录C"客户求购订单明细表"所示。

二、收购商品

　　商品流通企业应按照"客户求购订单"的要求，从市场上采购商品，然后销售给代理公司，以收回货款、实现盈利。

　　对各商品流通企业交来的按"客户求购订单"采购的商品，代理公司应认真审核，对于符合"客户求购订单"规定要求（品种、规格、型号、单价、数量等）的，应按规定收购。具体业务处理流程如下。

（一）销售单位办理销售业务

　　销售单位根据采购完成的商品和"客户求购订单明细表"，填制商品出库单并开具增值税专用发票。然后由业务员持增值税专用发票"发票联"、"抵扣联"和商品前往指定的代理公司办理交货和收取货款的手续。具体方法参阅项目三任务三"采购业务处理"中"将采购完成的商品销售给代理公司"的相关内容。

（二）代理公司办理收购商品手续

　　1.办理入库手续

　　对各商品流通企业交来的商品，经审核无误，由保管员清点商品入库，并按要求填制入库单，办理入库手续，具体方法参阅项目三任务三"采购业务处理"中办理商品入库手续的相关内容。

【例4-13】

【业务内容】 代理公司办理收购手续。

【情景】 2015年8月7日，（006）南华市兴盛工贸有限公司业务员毛逸民持增值税专用发票的"发票联"（见图4-46）、"抵扣联"（见图4-47）及西口牌电冰箱（kk19v61ti）30台，到南华商贸代理有限公司，要求按订单收购商品。

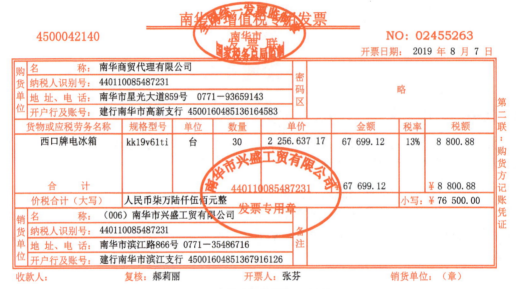

图4-46 增值税专用发票（发票联）

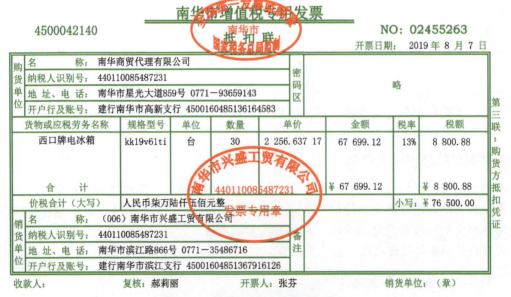

图4-47 增值税专用发票（抵扣联）

【要求】代理公司办理收购商品手续。

【业务处理过程】

（1）代理公司业务员按照订单要求进行核对，如附录C"客户求购订单明细表（006公司）"所示，包括品名、型号规格、数量（实际数量≤订单数量）、金额等。

（2）经审核无误，填制商品入库单（一式四联），留存根联（见图4-48），其余三联交给仓库保管员。

图4-48　商品入库单（存根）

（3）保管员点收商品，填写实收数并签名，然后交给会计人员计算货款金额，结算货款。

（4）会计人员经审核无误，计算货款金额并签名，然后交给复核人员复核。

（5）复核人员复核后，加盖财务结算章，留下"财务记账"联（见图4-49）、将"仓库记账"联（见图4-50）交给仓库保管员，"业务记账"联（见图4-51）交给业务员。

图4-49　商品入库单（财务记账）

图4-50 商品入库单（仓库记账）

图4-51 商品入库单（业务记账）

2. 支付货款

财务部门根据商品流通企业交来的增值税专用发票的"发票联"、"抵扣联"及经结算后的商品入库单办理支付货款手续，具体方法参阅项目三任务三"采购业务处理"中的支付货款的相关内容。

【例4-14】

【业务内容】代理公司办理支付货款的手续。

【情景】接【例4-13】。

【要求】代理公司办理支付货款的手续。

【业务处理过程】

（1）代理公司业务员填制"付款申请表"，并通过有关领导审批，如图4-52所示。

付 款 申 请 表

2019 年 8 月 7 日

收款单位全 称	（006）南华市兴盛工贸有限公司	付款方式	转账
开户银行	建行南华市滨江支行	账号	45001604851367916126
付款金额（大写）	柒万陆仟伍佰元整	（小写）：￥ 76 500.00	
款项用途	西口牌电冰箱（kk19v61ti）30 台 单价 2 550.00 元 合计 76 500.00 元		
申请部门	业务部	经办人（签名）	时建强
部门主管审批意见	同意支付 易健康 2019 年 8 月 7 日		
财务主管审批意见	同意支付 钟玉丽 2019 年 8 月 7 日		
单位负责人审批意见	同意支付 刘建强 2019 年 8 月 7 日		

图4-52　付款申请表

（2）出纳员根据"付款申请表"及相关资料填制转账支票并加盖银行印鉴（见图4-53），留下存根；同时填制银行进账单（一式三联）连同转账支票正联，一并送银行办理转账付款手续。

（3）银行营业员受理后，代理公司出纳员取回进账单（回单）（见图4-54）；（006）南华市兴盛工贸有限公司接到开户行转来的进账单（收账通知）（见图4-55）。

 知识链接

在实际工作中，代理公司商品采购手续与一般商品流通企业基本相同，包括商品采购、办理运输、商品入库、支付货款、登记账簿等。具体参阅项目三任务三"采购业务处理"中的相关内容。在实训中，采用简化手续。

中国建设银行
转账支票存根
10504520
20263826

附加信息 _____

出票日期　2019 年 8 月 7 日
收款人：南华市兴盛工贸
有限公司
金　额：76 500.00
用　途：购买电冰箱

单位主管　　会计

付款期限自出票之日起十天

中国建设银行　转账支票

10504520
20263826

出票日期（大写）　贰零壹玖 年 捌 月零柒日　　付款行名称：建行南华市柳沙支行
收款人：　（006）南华市兴盛工贸有限公司　　出票人账号：4500160485136164583

人民币（大写）	柒万陆仟伍佰元整	亿	千	百	十	万	千	百	十	元	角	分
					¥	7	6	5	0	0	0	0

用途　购买电冰箱 _____　　　密码 _____

上列款项请从　　　　　　　　　　符号 _____
我账户内支付
出票人签章　　　　　　　　　　复核　　　记账

图4-53　转账支票（正联）

中国建设银行　进账单　（回　单）　　①

2019 年 8 月 7 日

出票人	全　称	南华商贸代理有限公司	收款人	全　称	（006）南华市兴盛工贸有限公司
	账号	4500160485136164583 6		账号	45001604851367916126
	开户银行	建行南华市高新支行		开户银行	建行南华市滨江支行

金额	人民币（大写）	柒万陆千伍佰元整					亿	千	百	十	万	千	百	十	元	角	分
											¥	7	6	5	0	0	0	0

票据种类	转账支票	票据张数	1
票据号码	20263826		

复核　　　记账　　　　　出票人开户银行签章

中国建设银行股份有限公司
南华市高新支行
2019.08.7
转讫章（3）

图4-54　银行进账单（回单）

中国建设银行　进账单　（收账通知）　　③

2019 年 8 月 7 日

出票人	全　称	南华商贸代理有限公司	收款人	全　称	（006）南华市兴盛工贸有限公司
	账号	4500160485136164583 6		账号	45001604851367916126
	开户银行	建行南华市高新支行		开户银行	建行南华市滨江支行

金额	人民币（大写）	柒万陆千伍佰元整					亿	千	百	十	万	千	百	十	元	角	分
											¥	7	6	5	0	0	0	0

票据种类	转账支票	票据张数	1
票据号码	20263826		

复核　　　记账　　　　　收款人开户银行签章

中国建设银行股份有限公司
南华市滨江支行
2019.08.07
收讫章（5）

图4-55　银行进账单（收账通知）

三、编制记账凭证、登记账簿

收购业务完成后，代理公司应根据取得的有关原始凭证进行处理，包括会计人员进行账务处理、登记账簿；业务、仓库部门登记账簿等。

（一）收购业务完成后各岗位人员应取得的原始凭证

（1）会计：增值税专用发票的"发票联"（见图4-46）、"抵扣联"（见图4-47）。付款申请表（见图4-52）、转账支票存根（见图4-53）、进账单"回单"联（见图4-54）。入库单的财务记账联（见图4-49）。

（2）业务员：入库单的"存根"联（见图4-48）、"业务记账"联（见图4-51）。

（3）保管员：入库单的"仓库记账"联（见图4-50）。

（二）编制记账凭证、登记账簿

代理公司收购业务完成，会计人员应根据原始凭证编制记账凭证、登记库存商品明细账；业务人员应根据原始凭证登记业务进销存账；仓库保管员应根据原始凭证登记实物保管账。具体方法与商品流通企业相同，具体参阅项目三任务三"采购业务处理"中编制记账凭证、登记账簿的相关内容。

任务四 期初建账

学员任务

学员分别以商品流通企业、代理公司、运输公司各岗位职员的身份，根据实训的要求建立新的账簿，为公司开展经营活动做准备。

实训开始，商品流通企业、代理公司、运输公司应根据相关资料，按照实训要求建立必要的账簿。

一、开设账簿的范围

1. 商品流通企业

（1）会计人员建立总账、"库存商品明细账"；出纳员建立"银行存款日记账"。

（2）业务人员建立"业务进销存账"。

（3）仓库保管员建立"实物保管账"。

2. 代理公司

会计人员建立总账；出纳员建立"银行存款日记账"。

3. 运输公司

出纳员建立"银行存款日记账"。

知识链接

　　在实际工作中，单位每年都要重新建立新账，也就是期初建账。

　　所谓建立新账，是指将上年使用的账簿及其所有的账户经过对账、结账，然后归档，再建立一套新的账簿。除少数账簿（如"现金日记账""银行存款日记账"）可以连续使用外，原则上都要重新建立新账。

二、期初建账的基本方法

（一）商品流通企业

　　1.会计人员根据期初资产、负债、所有者权益情况（见附录A）建立总账；根据期初库存商品明细表（见附录B）建立"库存商品明细账"。

　　2.出纳员根据期初银行存款余额（见附录A）建立"银行存款日记账"。

　　3.业务员根据期初库存商品明细表（见附录B）建立"业务进销存账"。

　　4.仓库保管员根据期初库存商品明细表（见附录B）建立"实物保管账"。

【例4-15】

　　【业务内容】期初建账。

　　【情景】2019年7月31日，（005）公司资产、负债、所有者权益期末余额情况如附录A所示，库存商品期末结存情况如附表B所示。

　　【要求】

　　（1）会计人员建立银行存款、库存商品总账。

　　（2）出纳员建立"银行存款日记账"。

　　（3）会计人员建立西口牌电冰箱（kk19v61ti）的"库存商品明细账"。

　　（4）业务员建立西口牌电冰箱（kk19v61ti）的"业务进销存账"。

　　（5）仓库保管员建立西口牌电冰箱（kk19v61ti）的"实物保管账"。

　　【业务处理过程】

　　（1）会计人员建立的银行存款总账如图4-56所示，库存商品总账如图4-57所示。

总　账

_____级科目
_____级科目　　　　会计科目或户名　**银行存款**　　　　分页_____总页_____

2019年		凭单编号	摘　要	借方											√	贷方											√	借或贷	余额										
月	日			亿	千	百	十	万	千	百	十	元	角	分		亿	千	百	十	万	千	百	十	元	角	分			亿	千	百	十	万	千	百	十	元	角	分
8	1		上月结转																									借			3	0	0	0	0	0	0	0	0

图4-56　银行存款总账

总 账

_____级科目
_____级科目   会计科目或户名 **库存商品**   分页_____总页_____

2019年		凭单编号	摘 要	借（收入）方											贷（付出）方											√	借或贷	余 额											√
月	日			亿	千	百	十	万	千	百	十	元	角	分	亿	千	百	十	万	千	百	十	元	角	分			亿	千	百	十	万	千	百	十	元	角	分	
8	1		上年结转																											4	8	4	7	4	0	0	0	0	

图4-57 库存商品总账

（2）出纳员建立的"银行存款日记账"如图4-58所示。

银 行 存 款 日 记 账

户名 **（005）南华市青青工业品贸易公司**   开户行及账号 **工行南华市青山支行 45001604851367315677**   总_____ 分第_____ 页

2019年		凭证		对方科目	摘要	支票		借（收）方											贷（付）方											√	余 额											√
月	日	字	号			种类	号数	亿	千	百	十	万	千	百	十	元	角	分	亿	千	百	十	万	千	百	十	元	角	分		亿	千	百	十	万	千	百	十	元	角	分	
8	1				上月结转																												3	0	0	0	0	0	0	0	

图4-58 银行存款日记账

（3）会计人员建立西口牌电冰箱（kk19v61ti）的"库存商品明细账"如图4-59所示。

库 存 商 品 明 细 账

品名规格 **西口牌电冰箱 kk19v61ti**   产地 **北京**   计量单位 **台**   总第_____页 分第_____页

2019年		凭证		摘要	单价	借方（收入）		金 额								贷方（发出）		金 额								结 存			金 额								保本期	保利期
月	日	字	号			购进数量	其他数量	百	十	万	千	百	十	元	角	分	销售数量	其他数量	百	十	万	千	百	十	元	角	分	数量	均价	百	十	万	千	百	十	元	角	分		
8	1			上月结转																								50	1 951.00		9	7	5	5	0	0	0	0		

图4-59 库存商品明细账

（4）业务员建立西口牌电冰箱（kk19v61ti）的"业务进销存账"如图4-60所示。

（5）仓库保管员建立西口牌电冰箱（kk19v61ti）的"实物保管账"如图4-61所示。

业 务 进 销 存 账

总第　　页分第　　页

品名：西口牌电冰箱　　　　规格：kk19v61ti　　　　计量单位：台　　单价：1 951.00　　　存放地点：

2019 年		凭证号	摘　要	收　入（增加）				发　出（减少）				结　存		核对
月	日			应收数		实收数		计划数		实发数				
				件数	数量	件数	数量	件数	数量	件数	数量	件数	数量	
8	1		上月结存										50	

图4-60　业务进销存账

实 物 保 管 账

总第　　页分第　　页

品名：西口牌电冰箱　　　　规格：kk19v61ti　　　　计量单位：台　　单价：1 951.00　　　存放地点：

2019 年		凭证号	摘　要	收　入（增加）				发　出（减少）				结　存		核对
月	日			应收数		实收数		计划数		实发数				
				件数	数量	件数	数量	件数	数量	件数	数量	件数	数量	
8	1		上月结存									5	50	

图4-61　实物保管账

小提示

①建立总账时，期初有余额的所有科目及经营过程中预计发生经济业务的科目都应开设账户，新账建成后，应进行期初余额试算平衡；账户的顺序一般按会计科目编号顺序排列。

②建立库存商品明细账时，期初有余额的所有品名、型号、规格都应开设账户，新账建成后，应计算库存商品明细账所有账户余额的合计金额，并与库存商品总账核对相符。

③建立"业务进销存账"时，期初有余额的所有品名、型号、规格都应开设账户，新账建成后，应与会计人员的"库存商品明细账"核对相符。

④建立"实物保管账"时，期初有余额的所有品名、型号、规格都应开设账户，新账建成后，应与会计人员的"库存商品明细账"核对相符。

（二）代理公司

会计人员根据期初资产、负债、所有者权益情况（见附录A）建立总账；出纳员根据期初银行存款余额（见附录A）建立"银行存款日记账"。具体方法与商品流通企业相同。

（三）运输公司

会计人员根据期初资产、负债、所有者权益情况（见附录A）建立总账；出纳员根据期初银行存款余额（见附录A）建立"银行存款日记账"。具体方法与商品流通企业相同。

知识链接

在实际工作中，代理公司与商品流通企业一样，需要建立和登记"库存商品明细账"、"业务进销存账"和"实物保管账"，在本实训中，由于假设代理公司库存商品没有期初余额，因此不要求期初建账。但当发生商品收购业务并验收入库后，仍然要求代理公司按照入库商品的品名、型号、规格开设库存商品明细账、业务进销存账和实物保管账，用于登记各种商品的增减变动情况。因此，在实训准备阶段，代理公司可以根据预计发生收购、入库的商品的品名、型号、规格开设账户（无期初结存），以减少实训过程中的建账工作量。各种账簿的登记方法与商品流通企业相同。

任务五 期末库存商品盘点

学员任务

学员分别以商品流通企业、代理公司相关岗位职员的身份完成期末库存商品盘点的相关工作，包括账账核对、账实核对并编制"商品盘点明细表"。

商品经营实训活动的最后一天，停止商品交易业务后，各商品流通企业（含代理公司，下同）要进行一次全面的盘点，包括账账核对、账实核对。

一、账账核对

在实训中，账账核对包括保管员的"实物保管账"与业务员的"业务进销存账"、会计人员的"库存商品明细账"核对相符，具体方法如下。

（1）业务员的"业务进销存账"与仓库保管员的"实物保管账"进行核对，分别按品种、规格的结存数逐户进行核对，如果结存数不一致，再按发生数逐笔进行核对，直到核对相符为止。

（2）业务员将与仓库保管员"实物保管账"核对一致后的"业务进销存账"与会计人员的"库存商品明细账"进行核对，核对方法与前述方法相同。

二、账实核对

在实训中，账实核对是指账面结存数与实际结存数进行核对相符。具体方法如下。

账面结存数是指账簿记录中各种商品期末结存的数量及金额。即"库存商品明细账"与"业务进销存账"、"实物保管账"核对一致后的期末结存数量及其余额。

实际结存数是指各种库存商品的实际结存数量及其余额。即通过现场盘点得到的商品实物的结存数量及其金额。

账实核对的具体方法如下。

（1）业务员根据核对一致后的"业务进销存账"编制库存商品盘点明细表，包括商品品名、型号、规格、单价、账面结存数量。

（2）根据库存商品盘点明细表的账面结存数由保管员、业务员和财务人员三方代表共同现场清点库存商品实物数量，并将实际结存数填到库存商品盘点明细表的实际结存数量，并据以计算填列盈亏数量。

（3）会计人员根据"库存商品明细账"计算填列各种商品账面结存金额、实际结存金额及盈亏金额。然后由参与盘点的各方代表签字确认。

【例4-16】

【业务内容】 库存商品的盘点。

【情景】 （006）南华市兴盛工贸有限公司2019年8月31日期末盘点前，经核对一致的部分商品的"库存商品明细账""业务进销存账""实物保管账"如图4-62～图4-70所示。

库 存 商 品 明 细 账

品名规格 **美雅空调 26GW/DY-P(E2)**　　产地 **广东**　　计量单位 **台**　　总第　　页　分第　　页

2019年		凭证		摘要	单价	借方（收入）												贷方（发出）												结存												保本期	保利期
月	日	字	号			购进数量	其他数量	金额百	十	万	千	百	十	元	角	分	销售数量	其他数量	金额百	十	万	千	百	十	元	角	分	数量	均价	金额百	十	万	千	百	十	元	角	分		
8	1			上月结转																								30	3 101.00			9	3	0	3	0	0	0		
	7			销售	3 101.00												20					6	2	0	2	0	0	0	10	3 101.00				3	1	0	1	0	0	0		

图4-62　库存商品明细账

库 存 商 品 明 细 账

品名规格 **美雅空调 25GW/VD(V75A)**　　产地 **广东**　　计量单位 **台**　　总第　　页　分第　　页

2019年		凭证		摘要	单价	借方（收入）												贷方（发出）												结存												保本期	保利期
月	日	字	号			购进数量	其他数量	金额百	十	万	千	百	十	元	角	分	销售数量	其他数量	金额百	十	万	千	百	十	元	角	分	数量	均价	金额百	十	万	千	百	十	元	角	分		
8	1			上月结转																								50	1 861.00			9	3	0	5	0	0	0		
	7			销售	1 861.00												20					3	7	2	2	0	0	0	30	1 861.00				5	5	8	3	0	0	0		
	8			销售	1 861.00												20					3	7	2	2	0	0	0	10	1 861.00				1	8	6	1	0	0	0		

图4-63　库存商品明细账

库存商品明细账

品名规格 __西口牌电冰箱 kk19v61ti__　　产地 __北京__　　　计量单位 __台__　　　　总第 ___ 页 分第 ___ 页

2019年		凭证		摘要	单价	借方（收入）				贷方（发出）				结存				保本期	保利期
月	日	字	号			购进数量	其他数量	金额 百十万千百十元角分		销售数量	其他数量	金额 百十万千百十元角分		数量	均价	金额 百十万千百十元角分			
8	7			购进										30	2 132.74	6 3 9 8 2 3 0			
	7			销售	2 133.74					30		6 3 9 8 2 3 0	0			0 0 0			

图4-64　库存商品明细账

业务进销存账

品名：__美雅空调__　　　　规格：__26GW/DY-P(E2)__　　计量单位：__台__　　单价：__3 101.00__　　　总第 ___ 页 分第 ___ 页　存放地点：

2019年		凭证号	摘要	收入（增加）				发出（减少）				结存		核对
月	日			应收数		实收数		计划数		实发数				
				件数	数量	件数	数量	件数	数量	件数	数量	件数	数量	
8	1		上月结存										30	
	7		销售						20		20		10	

图4-65　业务进销存账

业务进销存账

品名：__美雅空调__　　　　规格：__25GW/VD(V75A)__　　计量单位：__台__　　单价：__1 861.00__　　　总第 ___ 页 分第 ___ 页　存放地点：

2019年		凭证号	摘要	收入（增加）				发出（减少）				结存		核对
月	日			应收数		实收数		计划数		实发数				
				件数	数量	件数	数量	件数	数量	件数	数量	件数	数量	
8	1		上月结存										50	
	7		销售						20		20		30	
	8		销售						20		20		10	

图4-66　业务进销存账

业 务 进 销 存 账

品名：西口牌电冰箱　　规格：kk19v61ti　　计量单位：台　　单价：2 132.74　　总第　页 分第　页　存放地点：

2019年		凭证号	摘 要	收 入（增加）				发 出（减少）				结 存		核对
月	日			应收数		实收数		计划数		实发数				
				件数	数量	件数	数量	件数	数量	件数	数量	件数	数量	
8	7		购进		30		30						30	
	7		销售						30		30		0	

图4-67　业务进销存账

实 物 保 管 账

品名：美雅空调　　规格：26GW/DY-P(E2)　　计量单位：台　　单价：3 101.00　　总第　页 分第　页　存放地点：

2019年		凭证号	摘 要	收 入（增加）				发 出（减少）				结 存		核对
月	日			应收数		实收数		计划数		实发数				
				件数	数量	件数	数量	件数	数量	件数	数量	件数	数量	
8	1		上月结存									3	30	
	7		销售						20	2	20	1	10	

图4-68　实物保管账

实 物 保 管 账

品名：美雅空调　　规格：25GW/VD(V75A)　　计量单位：台　　单价：1 861.00　　总第　页 分第　页　存放地点：

2019年		凭证号	摘 要	收 入（增加）				发 出（减少）				结 存		核对
月	日			应收数		实收数		计划数		实发数				
				件数	数量	件数	数量	件数	数量	件数	数量	件数	数量	
8	1		上月结存									5	50	
	7		销售						20	2	20	3	30	
	8		销售						20	2	20	1	10	

图4-69　实物保管账

实 物 保 管 账

品名：西口牌电冰箱　　规格：kk19v61ti　　计量单位：台　　单价：2 132.74　　总第　页 分第　页　存放地点：

2019年		凭证号	摘 要	收 入（增加）				发 出（减少）				结 存		核对
月	日			应收数		实收数		计划数		实发数				
				件数	数量	件数	数量	件数	数量	件数	数量	件数	数量	
8	7		购进		30		30						30	
	7		销售						30		30		0	

图4-70　实物保管账

【要求】

（1）业务员根据"业务进销存账"编制库存商品盘点明细表。

（2）保管员、业务员、会计员三方代表现场盘点商品实物。

（3）会计人员根据盘点结果编制完成库存商品盘点明细表，并由各方代表签名。

【业务处理过程】

（1）业务员根据"业务进销存账"编制库存商品盘点明细表，如表4-1所示。

（2）保管员、业务员、会计员三方代表进行现场清点实物，假如清点结果如下。

①美雅空调　　　26GW/DY-P(E2)　　实际结存　　0台

②美雅空调　　　25GW/VD(V75A)　　实际结存　　20台（共2件）

③西口牌电冰箱　kk19v61ti　　　　实际结存　　0台

（3）会计人员根据盘点结果编制完成库存商品盘点明细表，并由各方代表签名，如表4-2所示。

表4-1　库存商品盘点明细表

商品类别：家电　　　　　　　　　　　盘点日期　2019年8月31日　　　　　　　　　　金额单位：元

编号	商品名称	规格型号	产地	计量单位	单价	账面结存数			实际结存数			盈亏数（＋、－）			备注
						件数	数量	金额	件数	数量	金额	件数	数量	金额	
1	美雅空调	26GW/DY-P(E2)	广东	台	3 101		10								
2	美雅空调	25GW/VD(V75A)	广东	台	1 861		10								
3	西口牌电冰箱	kk19v61ti	北京	台	2 132.74		0								
	合计														

清查小组签名：　　　　　　　　　　　　　　　　　　　　　　　制表：毛逸民

表4-2　库存商品盘点明细表

商品类别：家电　　　　　　　　　　　盘点日期　2019年8月31日　　　　　　　　　　金额单位：元

编号	商品名称	规格型号	产地	计量单位	单价	账面结存数			实际结存数			盈亏数（＋、－）			备注
						件数	数量	金额	件数	数量	金额	件数	数量	金额	
1	美雅空调	26GW/DY-P(E2)	广东	台	3 101		10	31 010.00	0	0	0.00		-10	-31 010.00	
2	美雅空调	25GW/VD(V75A)	广东	台	1 861		10	18 610.00	2	20	37 220.00		10	18 610.00	
3	西口牌电冰箱	kk19v61ti	北京	台	2 132.74		0	0.00	0	0	0.00		0	0.00	
	合计							49 620.00			37 220.00			-12 400.00	

清查小组签名：季强　毛逸民　单丽娜　　　　　　　　　　　制表：毛逸民

知识链接

在实际工作中，如果发生盘盈或盘亏，清查小组应查明原因，并填制商品盘点盈亏报告单，报有关领导审批。

任务六　期末会计业务处理

学员任务

学员以商品流通企业会计岗位职员的身份，在商品经营综合实训期末，按规定要求进行会计期末业务的处理。

在商品经营综合实训活动的最后一天，停止商品交易业务后，各商品流通企业的会计人员应按规定要求进行期末有关业务的账务处理。具体内容如下。

一、计提各项费用

（1）按固定资产的原值计提本活动周期的累计折旧，记入"管理费用"。

（2）按本公司实际贷款余额情况和规定利率计算预提利息费用（计息方法与银行机构计算方法相同，实训中，按实训的实际天数计算）。

（3）按公司实际库存商品的结存情况及规定标准预提仓储费用。

（4）按规定标准计提应付职工薪酬，包括职工工资、工会经费、职工教育经费、社会保险费等。

（5）计提城市维护建设税及教育费附加。

（6）计算并结转商品销售成本。

二、期末结转业务

（1）将损益类账户结转到本年利润。

（3）计提应交企业所得税并结转到本年利润。

（4）结转净利润。

（5）进行利润分配。

（6）结转利润分配。

（7）结账。

三、编制财务报表

（1）编制资产负债表。

（2）编制利润表。

以上期末会计业务处理相关知识已经在会计专业课程中介绍，这里不再赘述。

附录 A 商品流通企业期初科目余额表

（001）公司资产、负债、所有者权益期初余额表

金额单位：元

科目名称	借或贷	金额	科目名称	借或贷	金额
银行存款	借	300 000.00	短期借款	贷	1 000 000.00
库存商品	借	4 796 170.00	应交税费	贷	-260 000.00
固定资产	借	1 000 000.00	实收资本	贷	2 520 000.00
			资本公积	贷	1 600 000.00
			盈余公积	贷	300 000.00
			利润分配	贷	536 170.00
			累计折旧	贷	400 000.00
合计		6 096 170.00			6 096 170.00

注：表中的应交税费260 000元为"应交税费——应交增值税（进项税额）"的余额，在计算当月应交增值税额时可作为进项税额抵扣。

（002）公司资产、负债、所有者权益期初余额表

金额单位：元

科目名称	借或贷	金额	科目名称	借或贷	金额
银行存款	借	300 000.00	短期借款	贷	1 000 000.00
库存商品	借	4 815 400.00	应交税金	贷	-260 000.00
固定资产	借	1 000 000.00	实收资本	贷	2 520 000.00
			资本公积	贷	1 600 000.00
			盈余公积	贷	300 000.00
			利润分配	贷	555 400.00
			累计折旧	贷	400 000.00
合计		6 115 400.00			6 115 400.00

注：表中的应交税费260 000元为"应交税费——应交增值税（进项税额）"的余额，在计算当月应交增值税额时可作为进项税额抵扣。

（003）公司资产、负债、所有者权益期初余额表

金额单位：元

科目名称	借或贷	金额	科目名称	借或贷	金额
银行存款	借	300 000.00	短期借款	贷	1 000 000.00
库存商品	借	4 790 390.00	应交税费	贷	-260 000.00
固定资产	借	1 000 000.00	实收资本	贷	2 520 000.00
			资本公积	贷	1 600 000.00
			盈余公积	贷	300 000.00
			利润分配	贷	530 390.00
			累计折旧	贷	400 000.00
合计		6 090 390.00			6 090 390.00

注：表中的应交税费260 000元为"应交税费——应交增值税（进项税额）"的余额，在计算当月应交增值税额时可作为进项税额抵扣。

（004）公司资产、负债、所有者权益期初余额表

金额单位：元

科目名称	借或贷	金额	科目名称	借或贷	金额
银行存款	借	300 000.00	短期借款	贷	1 000 000.00
库存商品	借	4 861 730.00	应交税费	贷	-260 000.00
固定资产	借	1 000 000.00	实收资本	贷	2 520 000.00
			资本公积	贷	1 600 000.00
			盈余公积	贷	300 000.00
			利润分配	贷	601 730.00
			累计折旧	贷	400 000.00
合计		6 161 730.00			6 161 730.00

注：表中的应交税费260 000元为"应交税费——应交增值税（进项税额）"的余额，在计算当月应交增值税额时可作为进项税额抵扣。

（005）公司资产、负债、所有者权益期初余额表

金额单位：元

科目名称	借或贷	金额	科目名称	借或贷	金额
银行存款	借	300 000.00	短期借款	贷	1 000 000.00
库存商品	借	4 847 400.00	应交税费	贷	-260 000.00
固定资产	借	1 000 000.00	实收资本	贷	2 520 000.00
			资本公积	贷	1 600 000.00
			盈余公积	贷	300 000.00
			利润分配	贷	587 400.00
			累计折旧	贷	400 000.00
合计		6 147 400.00			6 147 400.00

注：表中的应交税费260 000元为"应交税费——应交增值税（进项税额）"的余额，在计算当月应交增值税额时可作为进项税额抵扣。

（006）公司资产、负债、所有者权益期初余额表

金额单位：元

科目名称	借或贷	金额	科目名称	借或贷	金额
银行存款	借	300 000.00	短期借款	贷	1 000 000.00
库存商品	借	4 808 990.00	应交税费	贷	-260 000.00
固定资产	借	1 000 000.00	实收资本	贷	2 520 000.00
			资本公积	贷	1 600 000.00
			盈余公积	贷	300 000.00
			利润分配	贷	548 990.00
			累计折旧	贷	400 000.00
合计		6 108 990.00			6 108 990.00

注：表中的应交税费260 000元为"应交税费——应交增值税（进项税额）"的余额，在计算当月应交增值税额时可作为进项税额抵扣。

（007）公司资产、负债、所有者权益期初余额表

金额单位：元

科目名称	借或贷	金额	科目名称	借或贷	金额
银行存款	借	300 000.00	短期借款	贷	1 000 000.00
库存商品	借	4 851 560.00	应交税费	贷	-260 000.00
固定资产	借	1 000 000.00	实收资本	贷	2 520 000.00
			资本公积	贷	1 600 000.00
			盈余公积	贷	300 000.00
			利润分配	贷	591 560.00
			累计折旧	贷	400 000.00
合计		6 151 560.00			6 151 560.00

注：表中的应交税费260 000元为"应交税费——应交增值税（进项税额）"的余额，在计算当月应交增值税额时可作为进项税额抵扣。

（008）公司资产、负债、所有者权益期初余额表

金额单位：元

科目名称	借或贷	金额	科目名称	借或贷	金额
银行存款	借	300 000.00	短期借款	贷	1 000 000.00
库存商品	借	4 837 340.00	应交税费	贷	-260 000.00
固定资产	借	1 000 000.00	实收资本	贷	2 520 000.00
			资本公积	贷	1 600 000.00
			盈余公积	贷	300 000.00
			利润分配	贷	577 340.00
			累计折旧	贷	400 000.00
合计		6 137 340.00			6 137 340.00

注：表中的应交税费260 000元为"应交税费——应交增值税（进项税额）"的余额，在计算当月应交增值税额时可作为进项税额抵扣。

代理公司资产、负债、所有者权益期初余额表

金额单位：元

科目名称	借或贷	金额	科目名称	借或贷	金额
银行存款	借	10 000 000.00	短期借款	贷	4 000 000.00
库存商品	借	1 000 000.00	实收资本	贷	5 000 000.00
固定资产	借	1 000 000.00	资本公积	贷	1 600 000.00
			盈余公积	贷	500 000.00
			利润分配	贷	500 000.00
			累计折旧	贷	400 000.00
合计		12 000 000.00			12 000 000.00

运输公司资产、负债、所有者权益期初余额表

金额单位：元

科目名称	借或贷	金额	科目名称	借或贷	金额
银行存款	借	100 000.00	短期借款	贷	200 000.00
周转材料	借	100 000.00	实收资本	贷	3 600 000.00
固定资产	借	5 000 000.00	资本公积	贷	600 000.00
			盈余公积	贷	200 000.00
			利润分配	贷	100 000.00
			累计折旧	贷	500 000.00
合计		5 200 000.00			5 200 000.00

附录 B 各单位库存商品期初结存明细表

001公司库存商品明细表

金额单位：元

类别	序号	品名	规格、型号	产地	计量单位	件数	数量	单价	金额
家电产品	1	美雅空调	26GW/DY-P(E2)	广东	台	3	30	3 041	91 230.00
	2	美雅空调	25GW/VD(V75A)	广东	台	5	50	1 824	91 200.00
	3	美雅空调	26GW/DY-J(E5)	广东	台	6	60	1 760	105 600.00
	4	美雅空调	32GW/DY-J(E5)	广东	台	5	50	2 000	100 000.00
	5	奥克空调	25GW/ES(5)	上海	台	6	60	1 594	95 640.00
	6	奥克空调	25GW/QB(2)	上海	台	5	50	2 425	121 250.00
	7	奥克空调	25GW/EA(5)	上海	台	8	80	1 424	113 920.00
	8	奔逸彩电	L37E77	广东	台	2	20	5 274	105 480.00
	9	奔逸彩电	L32E9	广东	台	4	40	3 193	127 720.00
		小　计				44			952 040.00
数码产品	1	佳华数码相机	A650IS	上海	台	5	50	1 941	97 050.00
	2	五星数码相机	NV3	广东	台	5	50	1 803	90 150.00
	3	佳华数码相机	IXUS 80 IS	广东	台	8	80	1 359	108 720.00
	4	美尼数码相机	DSC-T77	美国	台	5	50	1 873	93 650.00
	5	新天数码摄像机	SDR-H258GK-S	天津	台	3	20	4 884	97 680.00
	6	东宁数码摄像机	GZ-MG130ACB	山东	台	5	40	2 927	117 080.00
	7	美尼数码相机	DCR-SR200E	美国	台	2	20	5 439	108 780.00
	8	美尼数码相机	DCR-HC52E	美国	台	6	60	1 617	97 020.00
	9	新天数码摄像机	SDR-H48GK-S	天津	台	4	40	2 605	104 200.00
		小　计				43			914 330.00

续表

类别	序号	品名	规格、型号	产地	计量单位	件数	数量	单价	金额
五金交电	1	宝兰折叠自行车	F7（银色）	宝山	辆	3	300	314	94 200.00
	2	宝兰折叠自行车	C2	宝山	辆	4	400	236	94 400.00
	3	宝兰折叠自行车	BDL-F8 16寸	宝山	辆	3	300	343	102 900.00
	4	美雅落地扇	FS40-3G	广东	台	6	600	157	94 200.00
	5	美雅落地扇	FS40-3ER	广东	台	5	500	236	118 000.00
	6	美雅转页扇	KYS30-A3	广东	台	5	500	228	114 000.00
	7	贝金车载交流供电器	（200W）ACUSB	美国	台	5	500	212	106 000.00
	8	贝金车载交流供电器	（400W）F5C400	美国	台	5	500	204	102 000.00
	9	福克交流供电器	150W 7731	美国	台	5	500	133	66 500.00
		小　计				41			892 200.00
服装	1	斯丽08新款羊毛大衣	8D901	美国	件	1	100	866	86 600.00
	2	斯丽08新款羊毛大衣	8D922	美国	件	1	100	992	99 200.00
	3	斯丽08新款羊毛大衣	8D918	美国	件	2	200	694	138 800.00
	4	斯丽08新款银兰棉衣	8M003	美国	件	1	100	1 293	129 300.00
	5	雪地羽绒夹克	8555	内蒙古	件	2	200	606	121 200.00
	6	雪地简洁款棉衣	4581	内蒙古	件	2	200	457	91 400.00
	7	LT皮夹克	7D9541	美国	件	6	600	196	117 600.00
	8	舒人纯桑蚕丝两件套上衣	粉红	辽宁	套	2	200	709	141 800.00
	9	舒人纯桑蚕丝两件套上衣	白色	辽宁	套	2	200	709	141 800.00
		小　计				19			1 067 700.00
食品	1	GT咖啡	100g×12	日本	箱	3	300	330	99 000.00
	2	GT咖啡	200g×12	日本	箱	2	200	637	127 400.00
	3	小树速溶咖啡	100g×12	日本	箱	2	200	535	107 000.00
	4	小树速溶咖啡	400g×12	日本	箱	1	100	826	82 600.00
	5	长长解百纳干红葡萄酒	750mL×6	山东	箱	2	200	496	99 200.00
	6	长长橡木桶干红葡萄酒	750mL×6	山东	箱	2	200	732	146 400.00
	7	纯华12年葡萄酒	700mL	苏格兰	箱	5	500	220	110 000.00
	8	老坛12年葡萄酒	700mL	苏格兰	箱	5	500	211	105 500.00
	9	银花压榨花生油	一级 5L×6	山东	箱	8	800	116	92 800.00
		小　计				30			969 900.00
		总　计				177			4 796 170.00

002公司库存商品明细表

金额单位：元

类别	序号	品名	规格、型号	产地	计量单位	件数	数量	单价	金额
家电产品	1	奔逸彩电	LCD32K73	广东	台	5	50	2 363	118 150.00
	2	奔逸彩电	LCD27K73	广东	台	5	50	1 889	94 450.00
	3	奔逸彩电	L42E9FR	广东	台	2	20	5 524	110 480.00
	4	净洁洗衣机	XQB60-7288	上海	台	8	80	1 406	112 480.00
	5	净洁洗衣机	XQG52-Q818	上海	台	5	50	2 275	113 750.00
	6	净洁洗衣机	XQG50-D809	上海	台	5	50	1 801	90 050.00
	7	西口牌电冰箱	KK20V75TI	北京	台	5	50	2 600	130 000.00
	8	西口冰箱	KG18V40TI	北京	台	6	60	1 463	87 780.00
	9	西口冰箱	KK19V61TI	北京	台	5	50	1 889	94 450.00
		小　计				46			951 590.00
数码产品	1	佳华数码相机	A650IS	上海	台	5	50	1 945	97 250.00
	2	五星数码相机	NV3	广东	台	5	50	1 808	90 400.00
	3	佳华数码相机	IXUS 80 IS	上海	台	9	90	1 362	122 580.00
	4	美尼数码相机	DSC-T77	美国	台	5	50	1 878	93 900.00
	5	新天数码摄像机	SDR-H258GK-S	天津	台	2	20	4 896	97 920.00
	6	东宁数码摄像机	GZ-MG130ACB	山东	台	4	40	2 934	117 360.00
	7	美尼数码相机	DCR-SR200E	美国	台	2	20	5 451	109 020.00
	8	美尼数码相机	DCR-HC52E	美国	台	6	60	1 621	97 260.00
	9	新天数码摄像机	SDR-H48GK-S	天津	台	4	40	2 611	104 440.00
		小　计				42			930 130.00
五金交电	1	速源电动车	ZT-3GBT	浙江	辆	6	60	1 709	102 540.00
	2	速源电动车	JDA-4GbT	浙江	辆	6	60	1 515	90 900.00
	3	速源电动车	FB-4GbT	浙江	辆	6	60	1 787	107 220.00
	4	奇风三代	T6822	天津	辆	6	60	1 981	118 860.00
	5	奇风幸运之星	6823	天津	辆	6	60	1 826	109 560.00
	6	奇风红蜻蜓	T6816	天津	辆	6	60	1 671	100 260.00
	7	杰安电动车	ATX750	北京	辆	8	80	1 242	99 360.00
	8	杰安电动车	FCR	北京	辆	6	60	1 709	102 540.00
	9	杰安电动车	C.ROCK5.0	北京	辆	8	80	1 383	110 640.00
		小　计				58			941 880.00

续表

类别	序号	品名	规格、型号	产地	计量单位	件数	数量	单价	金额
服装	1	尼尼两件式上衣	8781	日本	套	2	200	715	143 000.00
	2	尼尼两件式上衣	8465	日本	套	2	200	699	139 800.00
	3	宝斯经典服饰	08D06	加拿大	套	2	200	451	90 200.00
	4	宝斯经典服饰	08D45	加拿大	套	2	200	441	88 200.00
	5	宝斯经典服饰	08D65	加拿大	套	2	200	528	105 600.00
	6	梅天针织长裙	V 领	美国	条	1	100	1 492	149 200.00
	7	季风针织长裙	S8444TO1254	上海	件	1	100	1 243	124 300.00
	8	季风针织长裙	S8441TJ2046	上海	件	2	200	559	111 800.00
	9	季风针织长裙	S8442TJ1103	上海	件	1	100	1 010	101 000.00
		小　计				15			1 053 100.00
食品	1	龙鱼压榨花生油	一级 5L×6	上海	箱	2	200	678	135 600.00
	2	银花压榨花生油	2.5L×6	山东	箱	3	300	331	99 300.00
	3	得力海苔卷	720g×10	上海	箱	2	200	489	97 800.00
	4	绿A螺旋藻	100粒×12	上海	箱	3	300	314	94 200.00
	5	长长解百纳干红葡萄酒	200粒×12	上海	箱	2	200	599	119 800.00
	6	长长橡木桶干红葡萄酒	397g×24	上海	箱	4	400	260	104 000.00
	7	林林红烩牛肉	320g×24	上海	箱	4	400	245	98 000.00
	8	源态牛奶	250mL×24	内蒙古	箱	8	800	107	85 600.00
	9	新道高钙牛奶	500mL×24	内蒙古	箱	6	600	174	104 400.00
		小　计				34			938 700.00
		总　计				195			4 815 400.00

003公司库存商品明细表

金额单位：元

类别	序号	品名	规格、型号	产地	计量单位	件数	数量	单价	金额
家电产品	1	美雅空调	26GW/DY-P(E2)	广东	台	4	40	3 109	124 360.00
	2	美雅空调	25GW/VD(V75A)	广东	台	5	50	1 865	93 250.00
	3	美雅空调	26GW/DY-J(E5)	广东	台	6	60	1 799	107 940.00
	4	美雅空调	32GW/DY-J(E5)	广东	台	5	50	2 044	102 200.00
	5	奥克空调	25GW/ES(5)	上海	台	6	60	1 630	97 800.00
	6	奥克空调	25GW/QB(2)	上海	台	5	50	2 479	123 950.00
	7	奥克空调	25GW/EA(5)	上海	台	8	80	1 456	116 480.00
	8	奔逸彩电	L37E77	广东	台	2	20	5 391	107 820.00
	9	奔逸彩电	L32E9	广东	台	3	30	3 264	97 920.00
		小　计				44			971 720.00
数码产品	1	佳华数码相机	A650IS	上海	台	5	50	1 903	95 150.00
	2	五星数码相机	NV3	广东	台	5	50	1 768	88 400.00
	3	佳华数码相机	IXUS 80 IS	广东	台	8	80	1 333	106 640.00
	4	美尼数码相机	DSC-T77	美国	台	5	50	1 837	91 850.00
	5	新天数码摄像机	SDR-H258GK-S	天津	台	2	20	4 789	95 780.00
	6	东宁数码摄像机	GZ-MG130ACB	山东	台	4	40	2 870	114 800.00
	7	美尼数码相机	DCR-SR200E	美国	台	2	20	5 333	106 660.00
	8	美尼数码相机	DCR-HC52E	美国	台	6	60	1 586	95 160.00
	9	新天数码摄像机	SDR-H48GK-S	天津	台	4	40	2 555	102 200.00
		小　计				41			896 640.00
五金交电	1	速源电动车	ZT-3GBT	浙江	辆	6	60	1 743	104 580.00
	2	速源电动车	JDA-4GbT	浙江	辆	6	60	1 545	92 700.00
	3	速源电动车	FB-4GbT	浙江	辆	5	50	1 822	91 100.00
	4	奇风三代	T6822	天津	辆	5	50	2 021	101 050.00
	5	奇风幸运之星	6823	天津	辆	5	50	1 862	93 100.00
	6	奇风红蜻蜓	T6816	天津	辆	6	60	1 704	102 240.00
	7	杰安电动车	ATX750	北京	辆	8	80	1 266	101 280.00
	8	杰安电动车	FCR	北京	辆	6	60	1 743	104 580.00
	9	杰安电动车	C.ROCK5.0	北京	辆	7	70	1 410	98 700.00
		小　计				54			889 330.00

续表

类别	序号	品名	规格、型号	产地	计量单位	件数	数量	单价	金额
服装	1	尼尼两件式上衣	8781	日本	套	2	200	729	145 800.00
	2	尼尼两件式上衣	8465	日本	套	2	200	713	142 600.00
	3	宝斯经典服饰	08D06	加拿大	套	2	200	460	92 000.00
	4	宝斯经典服饰	08D45	加拿大	套	2	200	450	90 000.00
	5	宝斯经典服饰	08D65	加拿大	套	2	200	539	107 800.00
	6	梅天针织长裙	V领	美国	条	1	100	1 521	152 100.00
	7	季风针织长裙	S8444T01254	上海	件	1	100	1 268	126 800.00
	8	季风针织长裙	S8441TJ2046	上海	件	2	200	571	114 200.00
	9	季风针织长裙	S8442TJ1103	上海	件	1	100	1 030	103 000.00
		小　计				15			1 074 300.00
食品	1	GT咖啡	100g×12	日本	箱	3	300	326	97 800.00
	2	GT咖啡	200g×12	日本	箱	2	200	629	125 800.00
	3	小树速溶咖啡	100g×12	日本	箱	2	200	528	105 600.00
	4	小树速溶咖啡	400g×12	日本	箱	1	100	816	81 600.00
	5	长长解百纳干红葡萄酒	750mL×6	山东	箱	2	200	490	98 000.00
	6	长长橡木桶干红葡萄酒	750mL×6	山东	箱	2	200	723	144 600.00
	7	纯华12年葡萄酒	700mL	苏格兰	箱	5	500	218	109 000.00
	8	老坛12年葡萄酒	700mL	苏格兰	箱	5	500	208	104 000.00
	9	银花压榨花生油	一级 5L×6	山东	箱	8	800	115	92 000.00
		小　计				30			958 400.00
		总　计				184			4 790 390.00

004公司库存商品明细表

金额单位：元

类别	序号	品名	规格、型号	产地	计量单位	件数	数量	单价	金额
家电产品	1	奔逸彩电	LCD32K73	广东	台	5	50	2 393	119 650.00
	2	奔逸彩电	LCD27K73	广东	台	5	50	1 913	95 650.00
	3	奔逸彩电	L42E9FR	广东	台	2	20	5 594	111 880.00
	4	净洁洗衣机	XQB60-7288	上海	台	7	70	1 424	99 680.00
	5	净洁洗衣机	XQG52-Q818	上海	台	4	40	2 305	92 200.00
	6	净洁洗衣机	XQG50-D809	上海	台	5	50	1 824	91 200.00
	7	西口冰箱	KK20V75TI	北京	台	4	40	2 633	105 320.00
	8	西口冰箱	KG18V40TI	北京	台	7	70	1 482	103 740.00
	9	西口冰箱	KK19V61TI	北京	台	5	50	1 913	95 650.00
		小　计				44			914 970.00
数码产品	1	美尼MP4	PMX-M75/R(2G)	美国	台	1	100	1 399	139 900.00
	2	三基手机	N5300	三亚	台	1	100	972	97 200.00
	3	三基音乐手机	5320	三亚	台	1	100	1 470	147 000.00
	4	三基四频手机	N5610	三亚	台	1	100	1 304	130 400.00
	5	罗拉手机	E6	美国	台	1	100	977	97 700.00
	6	罗拉手机	A1200e	美国	台	1	100	1 178	117 800.00
	7	宇达车载GPS导航仪	LY200	上海	台	1	100	844	84 400.00
	8	曼天GPS导航仪	Q7	天津	台	1	100	1 107	110 700.00
	9	曼天GPS导航仪	Q5	天津	台	1	100	1 020	102 000.00
		小　计				9			1 027 100.00
五金交电	1	速源电动车	ZT-3GBT	浙江	辆	6	60	1 735	104 100.00
	2	速源电动车	JDA-4GbT	浙江	辆	6	60	1 538	92 280.00
	3	速源电动车	FB-4GbT	浙江	辆	6	60	1 814	108 840.00
	4	奇风三代	T6822	天津	辆	5	50	2 011	100 550.00
	5	奇风幸运之星	6823	天津	辆	5	50	1 853	92 650.00
	6	奇风红蜻蜓	T6816	天津	辆	6	60	1 696	101 760.00
	7	杰安电动车	ATX750	北京	辆	8	80	1 260	100 800.00
	8	杰安电动车	FCR	北京	辆	6	60	1 735	104 100.00
	9	杰安电动车	C.ROCK5.0	北京	辆	7	70	1 404	98 280.00
		小　计				55			903 360.00

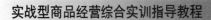
续表

类别	序号	品名	规格、型号	产地	计量单位	件数	数量	单价	金额
服装	1	尼尼两件式上衣	8781	日本	套	2	200	726	145 200.00
	2	尼尼两件式上衣	8465	日本	套	2	200	710	142 000.00
	3	宝斯经典服饰	08D06	加拿大	套	2	200	457	91 400.00
	4	宝斯经典服饰	08D45	加拿大	套	2	200	448	89 600.00
	5	宝斯经典服饰	08D65	加拿大	套	2	200	536	107 200.00
	6	梅天针织长裙	V 领	美国	条	1	100	1 514	151 400.00
	7	季风针织长裙	S8444T01254	上海	件	1	100	1 262	126 200.00
	8	季风针织长裙	S8441TJ2046	上海	件	2	200	568	113 600.00
	9	季风针织长裙	S8442TJ1103	上海	件	1	100	1 025	102 500.00
		小　计				15			1 069 100.00
食品	1	龙鱼压榨花生油	一级 5L×6	上海	箱	2	200	677	135 400.00
	2	银花压榨花生油	2.5L×6	山东	箱	3	300	330	99 000.00
	3	得力海苔卷	720g×10	上海	箱	2	200	488	97 600.00
	4	绿 A 螺旋藻	100粒×12	上海	箱	3	300	313	93 900.00
	5	长长解百纳干红葡萄酒	200粒×12	上海	箱	2	200	598	119 600.00
	6	长长橡木桶干红葡萄酒	397g×24	上海	箱	4	400	260	104 000.00
	7	林林红烩牛肉	320g×24	上海	箱	4	400	244	97 600.00
	8	源态牛奶	250mL×24	内蒙古	箱	9	900	107	96 300.00
	9	新道高钙牛奶	500mL×24	内蒙古	箱	6	600	173	103 800.00
		小　计				35			947 200.00
		总　计				158			4 861 730.00

005公司库存商品明细表

金额单位：元

类别	序号	品名	规格、型号	产地	计量单位	件数	数量	单价	金额
家电产品	1	奔逸彩电	LCD32K73	广东	台	5	50	2 441	122 050.00
	2	奔逸彩电	LCD27K73	广东	台	5	50	1 951	97 550.00
	3	奔逸彩电	L42E9FR	广东	台	2	20	5 705	114 100.00
	4	净洁洗衣机	XQB60-7288	上海	台	7	70	1 452	101 640.00
	5	净洁洗衣机	XQG52-Q818	上海	台	5	50	2 350	117 500.00
	6	净洁洗衣机	XQG50-D809	上海	台	5	50	1 861	93 050.00
	7	西口牌电冰箱	KK20V75TI	北京	台	4	40	2 685	107 400.00
	8	西口牌电冰箱	KG18V40TI	北京	台	6	60	1 511	90 660.00
	9	西口牌电冰箱	KK19V61TI	北京	台	5	50	1 951	97 550.00
		小　计				44			941 500.00
数码产品	1	美尼MP4	PMX-M75/R(2G)	美国	台	1	100	1 375	137 500.00
	2	三基手机	N5300	三亚	台	1	100	956	95 600.00
	3	三基音乐手机	5320	三亚	台	1	100	1 445	144 500.00
	4	三基四频手机	N5610	三亚	台	1	100	1 282	128 200.00
	5	罗拉手机	E6	美国	台	1	100	960	96 000.00
	6	罗拉手机	A1200e	美国	台	1	100	1 158	115 800.00
	7	宇达车载GPS导航仪	LY200	上海	台	1	100	830	83 000.00
	8	曼天GPS导航仪	Q7	天津	台	1	100	1 088	108 800.00
	9	曼天GPS导航仪	Q5	天津	台	1	100	1 002	100 200.00
		小　计				9			1 009 600.00
五金交电	1	宝兰折叠自行车	F7（银色）	宝山	辆	3	300	315	94 500.00
	2	宝兰折叠自行车	C2	宝山	辆	4	400	236	94 400.00
	3	宝兰折叠自行车	BDL-F8 16寸	宝山	辆	3	300	344	103 200.00
	4	美雅落地扇	FS40-3G	广东	台	6	600	157	94 200.00
	5	美雅落地扇	FS40-3ER	广东	台	4	400	236	94 400.00
	6	美雅转页扇	KYS30-A3	广东	台	5	500	228	114 000.00
	7	贝金车载交流供电器	（200W）ACUSB	美国	台	5	500	213	106 500.00
	8	贝金车载交流供电器	（400W）F5C400	美国	台	5	500	205	102 500.00
	9	福克交流供电器	150W 7731	美国	台	8	800	133	106 400.00
		小　计				43			910 100.00

类别	序号	品名	规格、型号	产地	计量单位	件数	数量	单价	金额
服装	1	斯丽08新款羊毛大衣	8D901	美国	件	1	100	868	86 800.00
	2	斯丽08新款羊毛大衣	8D922	美国	件	1	100	995	99 500.00
	3	斯丽08新款羊毛大衣	8D918	美国	件	2	200	696	139 200.00
	4	斯丽08新款银兰棉衣	8M003	美国	件	1	100	1 296	129 600.00
	5	雪地羽绒夹克	8555	内蒙古	件	2	200	607	121 400.00
	6	雪地简洁款棉衣	4581	内蒙古	件	2	200	459	91 800.00
	7	LT皮夹克	7D9541	美国	件	5	500	196	98 000.00
	8	舒人纯桑蚕丝两件套上衣	粉红	辽宁	套	2	200	711	142 200.00
	9	舒人纯桑蚕丝两件套上衣	白色	辽宁	套	2	200	711	142 200.00
		小　计				18			1 050 700.00
食品	1	龙鱼压榨花生油	一级 5L×6	上海	箱	2	200	668	133 600.00
	2	银花压榨花生油	2.5L×6	山东	箱	3	300	326	97 800.00
	3	得力海苔卷	720g×10	上海	箱	2	200	482	96 400.00
	4	绿 A 螺旋藻	100粒×12	上海	箱	3	300	309	92 700.00
	5	长长解百纳干红葡萄酒	200粒×12	上海	箱	2	200	591	118 200.00
	6	长长橡木桶干红葡萄酒	397g×24	上海	箱	4	400	256	102 400.00
	7	林林红烩牛肉	320g×24	上海	箱	4	400	241	96 400.00
	8	源态牛奶	250mL×24	内蒙古	箱	9	900	106	95 400.00
	9	新道高钙牛奶	500mL×24	内蒙古	箱	6	600	171	102 600.00
		小　计				35			935 500.00
		总　计				149			4 847 400.00

006公司库存商品明细表

金额单位：元

类别	序号	品名	规格、型号	产地	计量单位	件数	数量	单价	金额
家电产品	1	美雅空调	26GW/DY-P(E2)	广东	台	3	30	3 101	93 030.00
	2	美雅空调	25GW/VD(V75A)	广东	台	5	50	1 861	93 050.00
	3	美雅空调	26GW/DY-J(E5)	广东	台	6	60	1 795	107 700.00
	4	美雅空调	32GW/DY-J(E5)	广东	台	5	50	2 040	102 000.00
	5	奥克空调	25GW/ES(5)	上海	台	6	60	1 626	97 560.00
	6	奥克空调	25GW/QB(2)	上海	台	4	40	2 473	98 920.00
	7	奥克空调	25GW/EA(5)	上海	台	7	70	1 452	101 640.00
	8	奔逸彩电	L37E77	广东	台	2	20	5 379	107 580.00
	9	奔逸彩电	L32E9	广东	台	3	30	3 257	97 710.00
		小　计				41			899 190.00
数码产品	1	美尼MP4	PMX-M75/R(2G)	美国	台	1	100	1 403	140 300.00
	2	三基手机	N5300	三亚	台	1	100	975	97 500.00
	3	三基音乐手机	5320	三亚	台	1	100	1 474	147 400.00
	4	三基四频手机	N5610	三亚	台	1	100	1 307	130 700.00
	5	罗拉手机	E6	美国	台	1	100	979	97 900.00
	6	罗拉手机	A1200e	美国	台	1	100	1 181	118 100.00
	7	宇达车载GPS导航仪	LY200	上海	台	1	100	846	84 600.00
	8	曼天GPS导航仪	Q7	天津	台	1	100	1 109	110 900.00
	9	曼天GPS导航仪	Q5	天津	台	1	100	1 022	102 200.00
		小　计				9			1 029 600.00
五金交电	1	宝兰折叠自行车	F7（银色）	宝山	辆	3	300	309	92 700.00
	2	宝兰折叠自行车	C2	宝山	辆	4	400	232	92 800.00
	3	宝兰折叠自行车	BDL-F8 16寸	宝山	辆	3	300	338	101 400.00
	4	美雅落地扇	FS40-3G	广东	台	6	600	155	93 000.00
	5	美雅落地扇	FS40-3ER	广东	台	4	400	232	92 800.00
	6	美雅转页扇	KYS30-A3	广东	台	5	500	225	112 500.00
	7	贝金车载交流供电器	（200W）ACUSB	美国	台	5	500	209	104 500.00
	8	贝金车载交流供电器	（400W）F5C400	美国	台	5	500	201	100 500.00
	9	福克交流供电器	150W 7731	美国	台	8	800	131	104 800.00
		小　计				43			895 000.00

类别	序号	品名	规格、型号	产地	计量单位	件数	数量	单价	金额
服装	1	斯丽08新款羊毛大衣	8D901	美国	件	1	100	853	85 300.00
	2	斯丽08新款羊毛大衣	8D922	美国	件	1	100	977	97 700.00
	3	斯丽08新款羊毛大衣	8D918	美国	件	2	200	684	136 800.00
	4	斯丽08新款银兰棉衣	8M003	美国	件	1	100	1 274	127 400.00
	5	雪地羽绒夹克	8555	内蒙古	件	2	200	597	119 400.00
	6	雪地简洁款棉衣	4581	内蒙古	件	2	200	451	90 200.00
	7	LT皮夹克	7D9541	美国	件	5	500	193	96 500.00
	8	舒人纯桑蚕丝两件套上衣	粉红	辽宁	套	2	200	699	139 800.00
	9	舒人纯桑蚕丝两件套上衣	白色	辽宁	套	2	200	699	139 800.00
		小　计				18			1 032 900.00
食品	1	龙鱼压榨花生油	一级　5L×6	上海	箱	2	200	680	136 000.00
	2	银花压榨花生油	2.5L×6	山东	箱	3	300	332	99 600.00
	3	得力海苔卷	720g×10	上海	箱	2	200	490	98 000.00
	4	绿A螺旋藻	100粒×12	上海	箱	3	300	315	94 500.00
	5	长长解百纳干红葡萄酒	200粒×12	上海	箱	2	200	601	120 200.00
	6	长长橡木桶干红葡萄酒	397g×24	上海	箱	4	400	261	104 400.00
	7	林林红烩牛肉	320g×24	上海	箱	4	400	245	98 000.00
	8	源态牛奶	250mL×24	内蒙古	箱	9	900	108	97 200.00
	9	新道高钙牛奶	500mL×24	内蒙古	箱	6	600	174	104 400.00
		小　计				35			952 300.00
		总　计				146			4 808 990.00

007公司库存商品明细表

金额单位：元

类别	序号	品名	规格、型号	产地	计量单位	件数	数量	单价	金额
家电产品	1	奔逸彩电	LCD32K73	广东	台	4	40	2 457	98 280.00
	2	奔逸彩电	LCD27K73	广东	台	5	50	1 964	98 200.00
	3	奔逸彩电	L42E9FR	广东	台	2	20	5 745	114 900.00
	4	净洁洗衣机	XQB60-7288	上海	台	7	70	1 463	102 410.00
	5	净洁洗衣机	XQG52-Q818	上海	台	5	50	2 367	118 350.00
	6	净洁洗衣机	XQG50-D809	上海	台	5	50	1 873	93 650.00
	7	西口牌电冰箱	KK20V75TI	北京	台	4	40	2 704	108 160.00
	8	西口牌电冰箱	KG18V40TI	北京	台	7	70	1 522	106 540.00
	9	西口牌电冰箱	KK19V61TI	北京	台	5	50	1 964	98 200.00
		小　计				44			938 690.00
数码产品	1	佳华数码相机	A650IS	上海	台	5	50	1 954	97 700.00
	2	五星数码相机	NV3	广东	台	5	50	1 816	90 800.00
	3	佳华数码相机	IXUS 80 IS	广东	台	7	70	1 368	95 760.00
	4	美尼数码相机	DSC-T77	美国	台	5	50	1 886	94 300.00
	5	新天数码摄像机	SDR-H258GK-S	天津	台	2	20	4 918	98 360.00
	6	东宁数码摄像机	GZ-MG130ACB	山东	台	4	40	2 947	117 880.00
	7	美尼数码相机	DCR-SR200E	美国	台	2	20	5 477	109 540.00
	8	美尼数码相机	DCR-HC52E	美国	台	6	60	1 628	97 680.00
	9	新天数码摄像机	SDR-H48GK-S	天津	台	4	40	2 623	104 920.00
		小　计				40			906 940.00
五金交电	1	速源电动车	ZT-3GBT	浙江	辆	6	60	1 759	105 540.00
	2	速源电动车	JDA-4GbT	浙江	辆	7	70	1 559	109 130.00
	3	速源电动车	FB-4GbT	浙江	辆	5	50	1 839	91 950.00
	4	奇风三代	T6822	天津	辆	5	50	2 039	101 950.00
	5	奇风幸运之星	6823	天津	辆	5	50	1 879	93 950.00
	6	奇风红蜻蜓	T6816	天津	辆	6	60	1 719	103 140.00
	7	杰安电动车	ATX750	北京	辆	9	90	1 278	115 020.00
	8	杰安电动车	FCR	北京	辆	6	60	1 759	105 540.00
	9	杰安电动车	C.ROCK5.0	北京	辆	7	70	1 423	99 610.00
		小　计				56			925 830.00

类别	序号	品名	规格、型号	产地	计量单位	件数	数量	单价	金额
服装	1	尼尼两件式上衣	8781	日本	套	2	200	736	147 200.00
	2	尼尼两件式上衣	8465	日本	套	2	200	720	144 000.00
	3	宝斯经典服饰	08D06	加拿大	套	2	200	464	92 800.00
	4	宝斯经典服饰	08D45	加拿大	套	2	200	454	90 800.00
	5	宝斯经典服饰	08D65	加拿大	套	2	200	544	108 800.00
	6	梅天针织长裙	V领	美国	条	1	100	1 535	153 500.00
	7	季风针织长裙	S8444TO1254	上海	件	1	100	1 280	128 000.00
	8	季风针织长裙	S8441TJ2046	上海	件	2	200	576	115 200.00
	9	季风针织长裙	S8442TJ1103	上海	件	1	100	1 040	104 000.00
	小 计					15			1 084 300.00
食品	1	GT咖啡	100g×12	日本	箱	3	300	335	100 500.00
	2	GT咖啡	200g×12	日本	箱	2	200	646	129 200.00
	3	小树速溶咖啡	100g×12	日本	箱	2	200	543	108 600.00
	4	小树速溶咖啡	400g×12	日本	箱	1	100	838	83 800.00
	5	长长解百纳干红葡萄酒	750mL×6	山东	箱	2	200	503	100 600.00
	6	长长橡木桶干红葡萄酒	750mL×6	山东	箱	2	200	742	148 400.00
	7	纯华12年葡萄酒	700mL	苏格兰	箱	5	500	223	111 500.00
	8	老坛12年葡萄酒	700mL	苏格兰	箱	5	500	214	107 000.00
	9	银花压榨花生油	一级 5L×6	山东	箱	9	900	118	106 200.00
	小 计					31			995 800.00
总 计						186			4 851 560.00

008公司库存商品明细表

金额单位：元

类别	序号	品名	规格、型号	产地	计量单位	件数	数量	单价	金额
家电产品	1	美雅空调	26GW/DY-P(E2)	广东	台	3	30	3 123	93 690.00
	2	美雅空调	25GW/VD(V75A)	广东	台	5	50	1 873	93 650.00
	3	美雅空调	26GW/DY-J(E5)	广东	台	5	50	1 807	90 350.00
	4	美雅空调	32GW/DY-J(E5)	广东	台	5	50	2 054	102 700.00
	5	奥克空调	25GW/ES(5)	上海	台	5	50	1 637	81 850.00
	6	奥克空调	25GW/QB(2)	上海	台	4	40	2 490	99 600.00
	7	奥克空调	25GW/EA(5)	上海	台	7	70	1 463	102 410.00
	8	奔逸彩电	L37E77	广东	台	2	20	5 416	108 320.00
	9	奔逸彩电	L32E9	广东	台	3	30	3 279	98 370.00
		小　计				39			870 940.00
数码产品	1	美尼MP4	PMX-M75/R(2G)	美国	台	1	100	1 412	141 200.00
	2	三基手机	N5300	三亚	台	1	100	981	98 100.00
	3	三基音乐手机	5320	三亚	台	1	100	1 484	148 400.00
	4	三基四频手机	N5610	三亚	台	1	100	1 316	131 600.00
	5	罗拉手机	E6	美国	台	1	100	986	98 600.00
	6	罗拉手机	A1200e	美国	台	1	100	1 189	118 900.00
	7	宇达车载GPS导航仪	LY200	上海	台	1	100	852	85 200.00
	8	曼天GPS导航仪	Q7	天津	台	1	100	1 117	111 700.00
	9	曼天GPS导航仪	Q5	天津	台	1	100	1 029	102 900.00
		小　计				9			1 036 600.00
五金交电	1	宝兰折叠自行车	F7（银色）	宝山	辆	3	300	318	95 400.00
	2	宝兰折叠自行车	C2	宝山	辆	4	400	239	95 600.00
	3	宝兰折叠自行车	BDL-F8 16寸	宝山	辆	3	300	347	104 100.00
	4	美雅落地扇	FS40-3G	广东	台	6	600	159	95 400.00
	5	美雅落地扇	FS40-3ER	广东	台	4	400	239	95 600.00
	6	美雅转页扇	KYS30-A3	广东	台	4	400	231	92 400.00
	7	贝金车载交流供电器	（200W）ACUSB	美国	台	5	500	215	107 500.00
	8	贝金车载交流供电器	（400W）F5C400	美国	台	5	500	207	103 500.00
	9	福克交流供电器	150W 7731	美国	台	7	700	134	93 800.00
		小　计				41			883 300.00

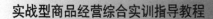

续表

类别	序号	品名	规格、型号	产地	计量单位	件数	数量	单价	金额
服装	1	斯丽08新款羊毛大衣	8D901	美国	件	1	100	876	87 600.00
	2	斯丽08新款羊毛大衣	8D922	美国	件	1	100	1 004	100 400.00
	3	斯丽08新款羊毛大衣	8D918	美国	件	2	200	702	140 400.00
	4	斯丽08新款银兰棉衣	8M003	美国	件	1	100	1 309	130 900.00
	5	雪地羽绒夹克	8555	内蒙古	件	2	200	613	122 600.00
	6	雪地简洁款棉衣	4581	内蒙古	件	2	200	463	92 600.00
	7	LT皮夹克	7D9541	美国	件	5	500	198	99 000.00
	8	舒人纯桑蚕丝两件套上衣	粉红	辽宁	套	2	200	717	143 400.00
	9	舒人纯桑蚕丝两件套上衣	白色	辽宁	套	2	200	717	143 400.00
		小　计				18			1 060 300.00
食品	1	GT咖啡	100g×12	日本	箱	3	300	336	100 800.00
	2	GT咖啡	200g×12	日本	箱	2	200	648	129 600.00
	3	小树速溶咖啡	100g×12	日本	箱	2	200	544	108 800.00
	4	小树速溶咖啡	400g×12	日本	箱	1	100	840	84 000.00
	5	长长解百纳干红葡萄酒	750mL×6	山东	箱	2	200	504	100 800.00
	6	长长橡木桶干红葡萄酒	750mL×6	山东	箱	2	200	744	148 800.00
	7	纯华12年葡萄酒	700mL	苏格兰	箱	5	500	224	112 000.00
	8	老坛12年葡萄酒	700mL	苏格兰	箱	5	500	214	107 000.00
	9	银花压榨花生油	一级 5L×6	山东	箱	8	800	118	94 400.00
		小　计				30			986 200.00
		总　计				137			4 837 340.00

附录 C 客户求购订单明细表

客户求购订单明细表（001公司）

金额单位：元

类别	序号	品名	规格、型号	产地	计量单位	数量	单价	金额
家电产品	1	奔逸彩电	LCD32K73	广东	台	60	3 190	191 400.00
	2	奔逸彩电	LCD27K73	广东	台	60	2 550	153 000.00
	3	奔逸彩电	L42E9FR	广东	台	20	7 450	149 000.00
	4	净洁洗衣机	XQB60-7288	上海	台	80	1 900	152 000.00
	5	净洁洗衣机	XQG52-Q818	上海	台	60	3 070	184 200.00
	6	净洁洗衣机	XQG50-D809	上海	台	70	2 430	170 100.00
	7	西口牌电冰箱	KK20V75TI	北京	台	50	3 500	175 000.00
	8	西口牌电冰箱	KG18V40TI	北京	台	80	1 970	157 600.00
	9	西口牌电冰箱	KK19V61TI	北京	台	60	2 550	153 000.00
		小　计						1 485 300.00
数码产品	1	美尼MP4	PMX-M75/R(2G)	美国	台	100	1 820	182 000.00
	2	三基手机	N5300	三亚	台	100	1 260	126 000.00
	3	三基音乐手机	5320	三亚	台	100	1 910	191 000.00
	4	三基四频手机	N5610	三亚	台	100	1 690	169 000.00
	5	罗拉手机	E6	美国	台	200	1 270	254 000.00
	6	罗拉手机	A1200e	美国	台	100	1 530	153 000.00
	7	宇达车载GPS导航仪	LY200	上海	台	200	1 100	220 000.00
	8	曼天GPS导航仪	Q7	天津	台	100	1 440	144 000.00
	9	曼天GPS导航仪	Q5	天津	台	200	1 320	264 000.00
		小　计						1 703 000.00

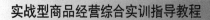

续表

类别	序号	品名	规格、型号	产地	计量单位	数量	单价	金额
五金交电	1	速源电动车	ZT-3GBT	浙江	辆	70	2 280	159 600.00
	2	速源电动车	JDA-4GbT	浙江	辆	80	2 020	161 600.00
	3	速源电动车	FB-4GbT	浙江	辆	60	2 380	142 800.00
	4	奇风三代	T6822	天津	辆	60	2 640	158 400.00
	5	奇风幸运之星	6823	天津	辆	60	2 440	146 400.00
	6	奇风红蜻蜓	T6816	天津	辆	80	2 230	178 400.00
	7	杰安电动车	ATX750	北京	辆	100	1 660	166 000.00
	8	杰安电动车	FCR	北京	辆	80	2 280	182 400.00
	9	杰安电动车	C.ROCK5.0	北京	辆	90	1 840	165 600.00
		小　计						1 461 200.00
服装	1	尼尼两件式上衣	8781	日本	套	200	953	190 600.00
	2	尼尼两件式上衣	8465	日本	套	200	932	186 400.00
	3	宝斯经典服饰	08D06	加拿大	套	300	601	180 300.00
	4	宝斯经典服饰	08D45	加拿大	套	300	588	176 400.00
	5	宝斯经典服饰	08D65	加拿大	套	300	704	211 200.00
	6	梅天针织长裙	V 领	美国	条	100	1 990	199 000.00
	7	季风针织长裙	S8444T01254	上海	件	100	1 660	166 000.00
	8	季风针织长裙	S8441TJ2046	上海	件	200	746	149 200.00
	9	季风针织长裙	S8442TJ1103	上海	件	100	1 350	135 000.00
		小　计						1 594 100.00
食品	1	龙鱼压榨花生油	一级 5L×6	上海	箱	200	882	176 400.00
	2	银花压榨花生油	2.5L×6	山东	箱	400	431	172 400.00
	3	得力海苔卷	720g×10	上海	箱	300	636	190 800.00
	4	绿A螺旋藻	100粒×12	上海	箱	400	408	163 200.00
	5	绿A螺旋藻	200粒×12	上海	箱	200	780	156 000.00
	6	林林红烧扣肉	397g×24	上海	箱	500	339	169 500.00
	7	林林红烩牛肉	320g×24	上海	箱	500	318	159 000.00
	8	源态牛奶	250mL×24	内蒙古	箱	1200	140	168 000.00
	9	新道高钙牛奶	500mL×24	内蒙古	箱	800	226	180 800.00
		小　计						1 536 100.00
		合　计						7 779 700.00

客户求购订单明细表（002公司）

金额单位：元

类别	序号	品名	规格、型号	产地	计量单位	数量	单价	金额
家电产品	1	美雅空调	26GW/DY-P(E2)	广东	台	40	4 060	162 400.00
	2	美雅空调	25GW/VD(V75A)	广东	台	70	2 430	170 100.00
	3	美雅空调	26GW/DY-J(E5)	广东	台	70	2 350	164 500.00
	4	美雅空调	32GW/DY-J(E5)	广东	台	60	2 670	160 200.00
	5	奥克空调	25GW/ES(5)	上海	台	70	2 130	149 100.00
	6	奥克空调	25GW/QB(2)	上海	台	50	3 230	161 500.00
	7	奥克空调	25GW/EA(5)	上海	台	80	1 900	152 000.00
	8	奔逸彩电	L37E77	广东	台	30	7 030	210 900.00
	9	奔逸彩电	L32E9	广东	台	40	4 260	170 400.00
		小　计						1 501 100.00
数码产品	1	美尼MP4	PMX-M75/R(2G)	美国	台	100	1 820	182 000.00
	2	三基手机	N5300	三亚	台	100	1 260	126 000.00
	3	三基音乐手机	5320	三亚	台	100	1 910	191 000.00
	4	三基四频手机	N5610	三亚	台	100	1 690	169 000.00
	5	罗拉手机	E6	美国	台	200	1 270	254 000.00
	6	罗拉手机	A1200e	美国	台	100	1 530	153 000.00
	7	宇达车载GPS导航仪	LY200	上海	台	200	1 100	220 000.00
	8	曼天GPS导航仪	Q7	天津	台	100	1 440	144 000.00
	9	曼天GPS导航仪	Q5	天津	台	100	1 320	132000.00
		小　计						1 571 000.00
五金交电	1	宝兰折叠自行车	F7（银色）	宝山	辆	400	413	165 200.00
	2	宝兰折叠自行车	C2	宝山	辆	500	310	155 000.00
	3	宝兰折叠自行车	BDL-F8 16寸	宝山	辆	400	452	180 800.00
	4	美雅落地扇	FS40-3G	广东	台	800	207	165 600.00
	5	美雅落地扇	FS40-3ER	广东	台	500	310	155 000.00
	6	美雅转页扇	KYS30-A3	广东	台	500	300	150 000.00
	7	贝金车载交流供电器	（200W）ACUSB	美国	台	600	279	167 400.00
	8	贝金车载交流供电器	（400W）F5C400	美国	台	600	269	161 400.00
	9	福克交流供电器	150W 7731	美国	台	1 000	174	174 000.00
		小　计						1 474 400.00

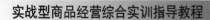

续表

类别	序号	品名	规格、型号	产地	计量单位	数量	单价	金额
服装	1	斯丽08新款羊毛大衣	8D901	美国	件	200	1 140	228 000.00
	2	斯丽08新款羊毛大衣	8D922	美国	件	200	1 310	262 000.00
	3	斯丽08新款羊毛大衣	8D918	美国	件	200	913	182 600.00
	4	斯丽08新款银兰棉衣	8M003	美国	件	100	1 700	170 000.00
	5	雪地羽绒夹克	8555	内蒙古	件	200	797	159 400.00
	6	雪地简洁款棉衣	4581	内蒙古	件	300	602	180 600.00
	7	LT皮夹克	7D9541	美国	件	600	257	154 200.00
	8	舒人纯桑蚕丝两件套上衣	粉红	辽宁	套	200	933	186 600.00
	9	舒人纯桑蚕丝两件套上衣	白色	辽宁	套	200	933	186 600.00
		小　计						1 710 000.00
食品	1	GT咖啡	100g×12	日本	箱	400	429	171 600.00
	2	GT咖啡	200g×12	日本	箱	200	828	165 600.00
	3	小树速溶咖啡	100g×12	日本	箱	200	695	139 000.00
	4	小树速溶咖啡	400g×12	日本	箱	200	1 070	214 000.00
	5	长长解百纳干红	750mL×6	山东	箱	300	644	193 200.00
	6	长长橡木桶干红葡萄酒	750mL*6	山东	箱	200	950	190 000.00
	7	纯华12年葡萄酒	700mL	苏格兰	箱	600	286	171 600.00
	8	老坛12年葡萄酒	700mL	苏格兰	箱	600	274	164 400.00
	9	银花压榨花生油	一级 5L×6	山东	箱	1 000	151	151 000.00
		小　计						1 560 400.00
		合　计						7 816 900.00

客户求购订单明细表（003公司）

金额单位：元

类别	序号	品名	规格、型号	产地	计量单位	数量	单价	金额
家电产品	1	奔逸彩电	LCD32K73	广东	台	50	3 160	158 000.00
	2	奔逸彩电	LCD27K73	广东	台	60	2 530	151 800.00
	3	奔逸彩电	L42E9FR	广东	台	20	7 390	147 800.00
	4	净洁洗衣机	XQB60-7288	上海	台	100	1 880	188 000.00
	5	净洁洗衣机	XQG52-Q818	上海	台	50	3 040	152 000.00
	6	净洁洗衣机	XQG50-D809	上海	台	70	2 410	168 700.00
	7	西口牌电冰箱	KK20V75TI	北京	台	50	3 480	174 000.00
	8	西口牌电冰箱	KG18V40TI	北京	台	80	1 960	156 800.00
	9	西口牌电冰箱	KK19V61TI	北京	台	60	2 530	151 800.00
		小　计						1 448 900.00
数码产品	1	美尼MP4	PMX-M75/R（2G）	美国	台	100	1 820	182 000.00
	2	三基手机	N5300	三亚	台	200	1 260	252 000.00
	3	三基音乐手机	5320	三亚	台	100	1 910	191 000.00
	4	三基四频手机	N5610	三亚	台	100	1 700	170 000.00
	5	罗拉手机	E6	美国	台	200	1 270	254 000.00
	6	罗拉手机	A1200e	美国	台	100	1 530	153 000.00
	7	宇达车载GPS导航仪	LY200	上海	台	200	1 100	220 000.00
	8	曼天GPS导航仪	Q7	天津	台	100	1 440	144 000.00
	9	曼天GPS导航仪	Q5	天津	台	100	1 330	133 000.00
		小　计						1 699 000.00
五金交电	1	宝兰折叠自行车	F7（银色）	宝山	辆	400	409	163 600.00
	2	宝兰折叠自行车	C2	宝山	辆	500	307	153 500.00
	3	宝兰折叠自行车	BDL-F8 16寸	宝山	辆	400	447	178 800.00
	4	美雅落地扇	FS40-3G	广东	台	800	205	164 000.00
	5	美雅落地扇	FS40-3ER	广东	台	500	307	153 500.00
	6	美雅转页扇	KYS30-A3	广东	台	500	297	148 500.00
	7	贝金车载交流供电器	（200W）ACUSB	美国	台	600	277	166 200.00
	8	贝金车载交流供电器	（400W）F5C400	美国	台	600	266	159 600.00
	9	福克交流供电器	150W 7731	美国	台	900	173	155 700.00
		小　计						1 443 400.00

续表

类别	序号	品名	规格、型号	产地	计量单位	数量	单价	金额
服装	1	斯丽08新款羊毛大衣	8D901	美国	件	200	1 130	226 000.00
	2	斯丽08新款羊毛大衣	8D922	美国	件	200	1 290	258 000.00
	3	斯丽08新款羊毛大衣	8D918	美国	件	200	905	181 000.00
	4	斯丽08新款银兰棉衣	8M003	美国	件	100	1 690	169 000.00
	5	雪地羽绒夹克	8555	内蒙古	件	200	790	158 000.00
	6	雪地简洁款棉衣	4581	内蒙古	件	300	596	178 800.00
	7	LT皮夹克	7D9541	美国	件	600	255	153 000.00
	8	舒人纯桑蚕丝两件套上衣	粉红	辽宁	套	200	924	184 800.00
	9	舒人纯桑蚕丝两件套上衣	白色	辽宁	套	200	924	184 800.00
		小　计						1 693 400.00
食品	1	龙鱼压榨花生油	一级 5L×6	上海	箱	200	884	176 800.00
	2	银花压榨花生油	2.5L×6	山东	箱	400	432	172 800.00
	3	得力海苔卷	720g×10	上海	箱	300	637	191 100.00
	4	绿A螺旋藻	100粒×12	上海	箱	400	409	163 600.00
	5	绿A螺旋藻	200粒×12	上海	箱	200	781	156 200.00
	6	林林红烧扣肉	397g×24	上海	箱	500	339	169 500.00
	7	林林红烩牛肉	320g×24	上海	箱	500	319	159 500.00
	8	源态牛奶	250mL×24	内蒙古	箱	1 200	140	168 000.00
	9	新道高钙牛奶	500mL×24	内蒙古	箱	800	226	180 800.00
		小　计						1 538 300.00
		合　计						7 823 000.00

客户求购订单明细表（004公司）

金额单位：元

类别	序号	品名	规格、型号	产地	计量单位	数量	单价	金额
家电产品	1	美雅空调	26GW/DY-P(E2)	广东	台	40	4 050	162 000.00
	2	美雅空调	25GW/VD(V75A)	广东	台	70	2 430	170 100.00
	3	美雅空调	26GW/DY-J(E5)	广东	台	70	2 340	163 800.00
	4	美雅空调	32GW/DY-J(E5)	广东	台	60	2 660	159 600.00
	5	奥克空调	25GW/ES(5)	上海	台	80	2 120	169 600.00
	6	奥克空调	25GW/QB(2)	上海	台	50	3 230	161 500.00
	7	奥克空调	25GW/EA(5)	上海	台	80	1 900	152 000.00
	8	奔逸彩电	L37E77	广东	台	30	7 020	210 600.00
	9	奔逸彩电	L32E9	广东	台	40	4 250	170 000.00
		小　计						1 519 200.00
数码产品	1	佳华数码相机	A650IS	上海	台	60	2 510	150 600.00
	2	五星数码相机	NV3	广东	台	70	2 330	163 100.00
	3	佳华数码相机	IXUS 80 IS	广东	台	90	1 760	158 400.00
	4	美尼数码相机	DSC-T77	美国	台	60	2 420	145 200.00
	5	新天数码摄像机	SDR-H258GK-S	天津	台	30	6 310	189 300.00
	6	东宁数码摄像机	GZ-MG130ACB	山东	台	40	3 780	151 200.00
	7	美尼数码相机	DCR-SR200E	美国	台	30	7 030	210 900.00
	8	美尼数码相机	DCR-HC52E	美国	台	80	2 090	167 200.00
	9	新天数码摄像机	SDR-H48GK-S	天津	台	50	3 370	168 500.00
		小　计						1 504 400.00
五金交电	1	宝兰折叠自行车	F7（银色）	宝山	辆	400	412	164 800.00
	2	宝兰折叠自行车	C2	宝山	辆	500	309	154 500.00
	3	宝兰折叠自行车	BDL-F8 16寸	宝山	辆	400	450	180 000.00
	4	美雅落地扇	FS40-3G	广东	台	800	206	164 800.00
	5	美雅落地扇	FS40-3ER	广东	台	500	309	154 500.00
	6	美雅转页扇	KYS30-A3	广东	台	500	299	149 500.00
	7	贝金车载交流供电器	（200W）ACUSB	美国	台	600	278	166 800.00
	8	贝金车载交流供电器	（400W）F5C400	美国	台	600	268	160 800.00
	9	福克交流供电器	150W 7731	美国	台	900	174	156 600.00
		小　计						1 452 300.00

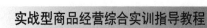
续表

类别	序号	品名	规格、型号	产地	计量单位	数量	单价	金额
服装	1	斯丽08新款羊毛大衣	8D901	美国	件	200	1 140	228 000.00
	2	斯丽08新款羊毛大衣	8D922	美国	件	200	1 300	260 000.00
	3	斯丽08新款羊毛大衣	8D918	美国	件	200	910	182 000.00
	4	斯丽08新款银兰棉衣	8M003	美国	件	100	1 700	170 000.00
	5	雪地羽绒夹克	8555	内蒙古	件	200	794	158 800.00
	6	雪地简洁款棉衣	4581	内蒙古	件	300	600	180 000.00
	7	LT皮夹克	7D9541	美国	件	600	256	153 600.00
	8	舒人纯桑蚕丝两件套上衣	粉红	辽宁	套	200	930	186 000.00
	9	舒人纯桑蚕丝两件套上衣	白色	辽宁	套	200	930	186 000.00
		小　计						1 704 400.00
食品	1	GT咖啡	100g×12	日本	箱	400	430	172 000.00
	2	GT咖啡	200g×12	日本	箱	200	829	165 800.00
	3	小树速溶咖啡	100g×12	日本	箱	300	696	208 800.00
	4	小树速溶咖啡	400g×12	日本	箱	200	1 080	216 000.00
	5	长长解百纳干红	750mL×6	山东	箱	300	645	193 500.00
	6	长长橡木桶干红葡萄酒	750mL×6	山东	箱	200	952	190 400.00
	7	纯华12年葡萄酒	700mL	苏格兰	箱	600	287	172 200.00
	8	老坛12年葡萄酒	700mL	苏格兰	箱	600	274	164 400.00
	9	银花压榨花生油	一级　5L×6	山东	箱	1 000	152	152 000.00
		小　计						1 635 100.00
		合　计						7 815 400.00

客户求购订单明细表（005公司）

金额单位：元

类别	序号	品名	规格、型号	产地	计量单位	数量	单价	金额
家电产品	1	美雅空调	26GW/DY-P(E2)	广东	台	40	4 020	160 800.00
	2	美雅空调	25GW/VD(V75A)	广东	台	70	2 410	168 700.00
	3	美雅空调	26GW/DY-J(E5)	广东	台	70	2 320	162 400.00
	4	美雅空调	32GW/DY-J(E5)	广东	台	70	2 640	184 800.00
	5	奥克空调	25GW/ES(5)	上海	台	80	2 110	168 800.00
	6	奥克空调	25GW/QB(2)	上海	台	50	3 200	160 000.00
	7	奥克空调	25GW/EA(5)	上海	台	80	1 880	150 400.00
	8	奔逸彩电	L37E77	广东	台	30	6 960	208 800.00
	9	奔逸彩电	L32E9	广东	台	40	4 220	168 800.00
		小　计						1 533 500.00
数码产品	1	佳华数码相机	A650IS	上海	台	60	2 520	151 200.00
	2	五星数码相机	NV3	广东	台	70	2 340	163 800.00
	3	佳华数码相机	IXUS 80 IS	广东	台	100	1 760	176 000.00
	4	美尼数码相机	DSC-T77	美国	台	80	2 430	194 400.00
	5	新天数码摄像机	SDR-H258GK-S	天津	台	30	6 340	190 200.00
	6	东宁数码摄像机	GZ-MG130ACB	山东	台	40	3 800	152 000.00
	7	美尼数码相机	DCR-SR200E	美国	台	30	7 060	211 800.00
	8	美尼数码相机	DCR-HC52E	美国	台	80	2 100	168 000.00
	9	新天数码摄像机	SDR-H48GK-S	天津	台	50	3 380	169 000.00
		小　计						1 576 400.00
五金交电	1	速源电动车	ZT-3GBT	浙江	辆	70	2 260	158 200.00
	2	速源电动车	JDA-4GbT	浙江	辆	80	2 000	160 000.00
	3	速源电动车	FB-4GbT	浙江	辆	70	2 360	165 200.00
	4	奇风三代	T6822	天津	辆	70	2 620	183 400.00
	5	奇风幸运之星	6823	天津	辆	70	2 410	168 700.00
	6	奇风红蜻蜓	T6816	天津	辆	70	2 210	154 700.00
	7	杰安电动车	ATX750	北京	辆	100	1 640	164 000.00
	8	杰安电动车	FCR	北京	辆	70	2 260	158 200.00
	9	杰安电动车	C.ROCK5.0	北京	辆	100	1 830	183 000.00
		小　计						1 495 400.00

续表

类别	序号	品名	规格、型号	产地	计量单位	数量	单价	金额
服装	1	尼尼两件式上衣	8781	日本	套	200	944	188 800.00
	2	尼尼两件式上衣	8465	日本	套	200	923	184 600.00
	3	宝斯经典服饰	08D06	加拿大	套	300	595	178 500.00
	4	宝斯经典服饰	08D45	加拿大	套	300	583	174 900.00
	5	宝斯经典服饰	08D65	加拿大	套	300	698	209 400.00
	6	梅天针织长裙	V领	美国	条	100	1 970	197 000.00
	7	季风针织长裙	S8444T01254	上海	件	100	1 640	164 000.00
	8	季风针织长裙	S8441TJ2046	上海	件	200	739	147 800.00
	9	季风针织长裙	S8442TJ1103	上海	件	100	1 330	133 000.00
		小　计						1 578 000.00
食品	1	GT咖啡	100g×12	日本	箱	400	432	172 800.00
	2	GT咖啡	200g×12	日本	箱	200	833	166 600.00
	3	小树速溶咖啡	100g×12	日本	箱	300	699	209 700.00
	4	小树速溶咖啡	400g×12	日本	箱	200	1 080	216 000.00
	5	长长解百纳干红	750mL×6	山东	箱	300	648	194 400.00
	6	长长橡木桶干红葡萄酒	750mL×6	山东	箱	200	956	191 200.00
	7	纯华12年葡萄酒	700mL	苏格兰	箱	600	288	172 800.00
	8	老坛12年葡萄酒	700mL	苏格兰	箱	600	276	165 600.00
	9	银花压榨花生油	一级 5L×6	山东	箱	1 000	152	152 000.00
		小　计						1 641 100.00
		合　计						7 824 400.00

客户求购订单明细表（006公司）

金额单位：元

类别	序号	品名	规格、型号	产地	计量单位	数量	单价	金额
家电产品	1	奔逸彩电	LCD32K73	广东	台	50	3 190	159 500.00
	2	奔逸彩电	LCD27K73	广东	台	70	2 550	178 500.00
	3	奔逸彩电	L42E9FR	广东	台	20	7 450	149 000.00
	4	净洁洗衣机	XQB60-7288	上海	台	100	1 900	190 000.00
	5	净洁洗衣机	XQG52-Q818	上海	台	50	3 070	153 500.00
	6	净洁洗衣机	XQG50-D809	上海	台	70	2 430	170 100.00
	7	西口牌电冰箱	KK20V75TI	北京	台	50	3 500	175 000.00
	8	西口牌电冰箱	KG18V40TI	北京	台	80	1 970	157 600.00
	9	西口牌电冰箱	KK19V61TI	北京	台	60	2 550	153 000.00
		小　计						1 486 200.00
数码产品	1	佳华数码相机	A650IS	上海	台	60	2 520	151 200.00
	2	五星数码相机	NV3	广东	台	70	2 340	163 800.00
	3	佳华数码相机	IXUS 80 IS	广东	台	100	1 760	176 000.00
	4	美尼数码相机	DSC-T77	美国	台	70	2 430	170 100.00
	5	新天数码摄像机	SDR-H258GK-S	天津	台	30	6 340	190 200.00
	6	东宁数码摄像机	GZ-MG130ACB	山东	台	40	3 800	152 000.00
	7	美尼数码相机	DCR-SR200E	美国	台	30	7 060	211 800.00
	8	美尼数码相机	DCR-HC52E	美国	台	80	2 100	168 000.00
	9	新天数码摄像机	SDR-H48GK-S	天津	台	50	3 380	169 000.00
		小　计						1 552 100.00
五金交电	1	速源电动车	ZT-3GBT	浙江	辆	70	2 280	159 600.00
	2	速源电动车	JDA-4GbT	浙江	辆	80	2 020	161 600.00
	3	速源电动车	FB-4GbT	浙江	辆	70	2 390	167 300.00
	4	奇风三代	T6822	天津	辆	70	2 650	185 500.00
	5	奇风幸运之星	6823	天津	辆	70	2 440	170 800.00
	6	奇风红蜻蜓	T6816	天津	辆	70	2 230	156 100.00
	7	杰安电动车	ATX750	北京	辆	100	1 660	166 000.00
	8	杰安电动车	FCR	北京	辆	70	2 280	159 600.00
	9	杰安电动车	C.ROCK5.0	北京	辆	100	1 850	185 000.00
		小　计						1 511 500.00

类别	序号	品名	规格、型号	产地	计量单位	数量	单价	金额
服装	1	尼尼两件式上衣	8781	日本	套	200	955	191 000.00
	2	尼尼两件式上衣	8465	日本	套	200	934	186 800.00
	3	宝斯经典服饰	08D06	加拿大	套	300	602	180 600.00
	4	宝斯经典服饰	08D45	加拿大	套	300	590	177 000.00
	5	宝斯经典服饰	08D65	加拿大	套	300	706	211 800.00
	6	梅天针织长裙	V 领	美国	条	100	1 990	199 000.00
	7	季风针织长裙	S8444T01254	上海	件	100	1 660	166 000.00
	8	季风针织长裙	S8441TJ2046	上海	件	300	747	224 100.00
	9	季风针织长裙	S8442TJ1103	上海	件	100	1 350	135 000.00
		小　计						1 671 300.00
食品	1	GT咖啡	100g×12	日本	箱	400	432	172 800.00
	2	GT咖啡	200g×12	日本	箱	200	833	166 600.00
	3	小树速溶咖啡	100g×12	日本	箱	200	699	139 800.00
	4	小树速溶咖啡	400g×12	日本	箱	200	1 080	216 000.00
	5	长长解百纳干红	750mL×6	山东	箱	300	648	194 400.00
	6	长长橡木桶干红葡萄酒	750mL×6	山东	箱	200	956	191 200.00
	7	纯华12年葡萄酒	700mL	苏格兰	箱	600	288	172 800.00
	8	老坛12年葡萄酒	700mL	苏格兰	箱	600	276	165 600.00
	9	银花压榨花生油	一级 5L×6	山东	箱	1 200	152	182 400.00
		小　计						1 601 600.00
		合　计						7 822 700.00

客户求购订单明细表（007公司）

金额单位：元

类别	序号	品名	规格、型号	产地	计量单位	数量	单价	金额
家电产品	1	美雅空调	26GW/DY-P(E2)	广东	台	40	3 980	159 200.00
	2	美雅空调	25GW/VD(V75A)	广东	台	70	2 390	167 300.00
	3	美雅空调	26GW/DY-J(E5)	广东	台	70	2 310	161 700.00
	4	美雅空调	32GW/DY-J(E5)	广东	台	60	2 620	157 200.00
	5	奥克空调	25GW/ES(5)	上海	台	80	2 090	167 200.00
	6	奥克空调	25GW/QB(2)	上海	台	50	3 180	159 000.00
	7	奥克空调	25GW/EA(5)	上海	台	100	1 870	187 000.00
	8	奔逸彩电	L37E77	广东	台	20	6 910	138 200.00
	9	奔逸彩电	L32E9	广东	台	40	4 180	167 200.00
		小　计						1 464 000.00
数码产品	1	美尼MP4	PMX-M75/R(2G)	美国	台	100	1 800	180 000.00
	2	三基手机	N5300	三亚	台	200	1 250	250 000.00
	3	三基音乐手机	5320	三亚	台	100	1 890	189 000.00
	4	三基四频手机	N5610	三亚	台	100	1 680	168 000.00
	5	罗拉手机	E6	美国	台	200	1 260	252 000.00
	6	罗拉手机	A1200e	美国	台	100	1 520	152 000.00
	7	宇达车载GPS导航仪	LY200	上海	台	200	1 090	218 000.00
	8	曼天GPS导航仪	Q7	天津	台	100	1 430	143 000.00
	9	曼天GPS导航仪	Q5	天津	台	100	1 310	131 000.00
		小　计						1 683 000.00
五金交电	1	宝兰折叠自行车	F7（银色）	宝山	辆	400	406	162 400.00
	2	宝兰折叠自行车	C2	宝山	辆	500	305	152 500.00
	3	宝兰折叠自行车	BDL-F8 16寸	宝山	辆	400	444	177 600.00
	4	美雅落地扇	FS40-3G	广东	台	800	203	162 400.00
	5	美雅落地扇	FS40-3ER	广东	台	500	305	152 500.00
	6	美雅转页扇	KYS30-A3	广东	台	600	295	177 000.00
	7	贝金车载交流供电器	（200W）ACUSB	美国	台	600	274	164 400.00
	8	贝金车载交流供电器	（400W）F5C400	美国	台	600	264	158 400.00
	9	福克交流供电器	150W 7731	美国	台	1 000	171	171 000.00
		小　计						1 478 200.00

续表

类别	序号	品名	规格、型号	产地	计量单位	数量	单价	金额
服装	1	斯丽08新款羊毛大衣	8D901	美国	件	200	1 120	224 000.00
	2	斯丽08新款羊毛大衣	8D922	美国	件	200	1 280	256 000.00
	3	斯丽08新款羊毛大衣	8D918	美国	件	200	898	179 600.00
	4	斯丽08新款银兰棉衣	8M003	美国	件	100	1 670	167 000.00
	5	雪地羽绒夹克	8555	内蒙古	件	200	783	156 600.00
	6	雪地简洁款棉衣	4581	内蒙古	件	300	592	177 600.00
	7	LT皮夹克	7D9541	美国	件	600	253	151 800.00
	8	舒人纯桑蚕丝两件套上衣	粉红	辽宁	套	200	917	183 400.00
	9	舒人纯桑蚕丝两件套上衣	白色	辽宁	套	200	917	183 400.00
		小　计						1 679 400.00
食品	1	龙鱼压榨花生油	一级 5L×6	上海	箱	200	875	175 000.00
	2	银花压榨花生油	2.5L×6	山东	箱	400	428	171 200.00
	3	得力海苔卷	720g×10	上海	箱	300	631	189 300.00
	4	绿A螺旋藻	100粒×12	上海	箱	400	405	162 000.00
	5	绿A螺旋藻	200粒×12	上海	箱	200	774	154 800.00
	6	林林红烧扣肉	397g×24	上海	箱	500	336	168 000.00
	7	林林红烩牛肉	320g×24	上海	箱	500	316	158 000.00
	8	源态牛奶	250mL×24	内蒙古	箱	1 200	138	165 600.00
	9	新道高钙牛奶	500mL×24	内蒙古	箱	700	224	156 800.00
		小　计						1 500 700.00
		合　计						7 805 300.00

客户求购订单明细表（008公司）

金额单位：元

类别	序号	品名	规格、型号	产地	计量单位	数量	单价	金额
家电产品	1	奔逸彩电	LCD32K73	广东	台	50	3 150	157 500.00
	2	奔逸彩电	LCD27K73	广东	台	60	2 520	151 200.00
	3	奔逸彩电	L42E9FR	广东	台	20	7 370	147 400.00
	4	净洁洗衣机	XQB60-7288	上海	台	100	1 880	188 000.00
	5	净洁洗衣机	XQG52-Q818	上海	台	50	3 040	152 000.00
	6	净洁洗衣机	XQG50-D809	上海	台	70	2 400	168 000.00
	7	西口牌电冰箱	KK20V75TI	北京	台	50	3 470	173 500.00
	8	西口牌电冰箱	KG18V40TI	北京	台	80	1 950	156 000.00
	9	西口牌电冰箱	KK19V61TI	北京	台	60	2 520	151 200.00
		小　计						1 444 800.00
数码产品	1	佳华数码相机	A650IS	上海	台	60	2 490	149 400.00
	2	五星数码相机	NV3	广东	台	70	2 310	161 700.00
	3	佳华数码相机	IXUS 80 IS	广东	台	100	1 740	174 000.00
	4	美尼数码相机	DSC-T77	美国	台	70	2 400	168 000.00
	5	新天数码摄像机	SDR-H258GK-S	天津	台	30	6 260	187 800.00
	6	东宁数码摄像机	GZ-MG130ACB	山东	台	50	3 750	187 500.00
	7	美尼数码相机	DCR-SR200E	美国	台	30	6 970	209 100.00
	8	美尼数码相机	DCR-HC52E	美国	台	80	2 070	165 600.00
	9	新天数码摄像机	SDR-H48GK-S	天津	台	50	3 340	167 000.00
		小　计						1 570 100.00
五金交电	1	速源电动车	ZT-3GBT	浙江	辆	70	2 260	158 200.00
	2	速源电动车	JDA-4GbT	浙江	辆	80	2 000	160 000.00
	3	速源电动车	FB-4GbT	浙江	辆	70	2 360	165 200.00
	4	奇风三代	T6822	天津	辆	60	2 620	157 200.00
	5	奇风幸运之星	6823	天津	辆	70	2 410	168 700.00
	6	奇风红蜻蜓	T6816	天津	辆	70	2 210	154 700.00
	7	杰安电动车	ATX750	北京	辆	100	1 640	164 000.00
	8	杰安电动车	FCR	北京	辆	70	2 260	158 200.00
	9	杰安电动车	C.ROCK5.0	北京	辆	100	1 830	183 000.00
		小　计						1 469 200.00

类别	序号	品名	规格、型号	产地	计量单位	数量	单价	金额
服装	1	尼尼两件式上衣	8781	日本	套	200	944	188 800.00
	2	尼尼两件式上衣	8465	日本	套	200	923	184 600.00
	3	宝斯经典服饰	08D06	加拿大	套	300	595	178 500.00
	4	宝斯经典服饰	08D45	加拿大	套	300	583	174 900.00
	5	宝斯经典服饰	08D65	加拿大	套	300	698	209 400.00
	6	梅天针织长裙	V 领	美国	条	100	1 970	197 000.00
	7	季风针织长裙	S8444T01254	上海	件	100	1 640	164 000.00
	8	季风针织长裙	S8441TJ2046	上海	件	300	739	221 700.00
	9	季风针织长裙	S8442TJ1103	上海	件	200	1 330	266 000.00
		小 计						1 784 900.00
食品	1	龙鱼压榨花生油	一级 5L×6	上海	箱	200	874	174 800.00
	2	银花压榨花生油	2.5L×6	山东	箱	400	427	170 800.00
	3	得力海苔卷	720g×10	上海	箱	300	630	189 000.00
	4	绿A螺旋藻	100粒×12	上海	箱	400	404	161 600.00
	5	绿A螺旋藻	200粒×12	上海	箱	200	772	154 400.00
	6	林林红烧扣肉	397g×24	上海	箱	500	335	167 500.00
	7	林林红烩牛肉	320g×24	上海	箱	600	315	189 000.00
	8	源态牛奶	250mL×24	内蒙古	箱	1 200	138	165 600.00
	9	新道高钙牛奶	500mL×24	内蒙古	箱	800	224	179 200.00
		小 计						1 551 900.00
合 计								7 820 900.00

附录 D 购销业务处理综合操作程序

在实训中，购销业务处理是由采购、销售、运输、银行和代理公司等单位的相关部门及岗位，按照职责分工的要求共同完成的。在项目三、项目四中，按照购销业务处理过程中的工作任务，分别介绍了各单位业务处理过程及其方法。在综合实务操作中，购销业务处理的工作过程及各岗位工作顺序纵横交错。根据购销业务处理的工作内容，基于工作过程导向，按照购销业务处理先后顺序进行整合，描述购销业务处理的具体操作程序如下。

一、销售单位填制商品出库单

销售单位业务员：填制商品出库单，一式四联（复写），签名并加盖业务专用章，留下"存根"联，据以登记"业务进销存账"的"计划数"，其余三联交仓库保管员点验商品。

销售单位仓库保管员：点验核实商品后填写实发数，一式三联（复写），签名后一起交会计员结算。

销售单位会计员：计算并填写货款金额，一式三联（复写），并据以通知购货单位支付货款。

二、购货单位支付货款

购货单位业务员：填写付款申请表，分别送业务部经理、财务部经理和总经理审批签字，然后交出纳员办理转账付款手续。

购货单位出纳员：填制转账支票及进账单，一式三联（复写），在转账支票（正联）上加盖银行印鉴，留下"存根"联，其余送开户银行办理转账手续。

付款单位开户银行营业员：

（1）留下转账支票（正联），并据以登记付款单位存款的减少。

（2）在进账单"回单"联上加盖受理印章后退给付款单位。

（3）在进账单"贷方凭证"联加盖受理印章，与进账单"收账通知"联一并送交收款单位的开户银行。

收款单位开户银行营业员：留下进账单的"贷方凭证"联，并据以登记收款单位存款的增加；同时，在进账单"收账通知"联加盖受理印章后交收款单位。

三、销售单位会计员收取货款，业务员记账

销售单位会计员：收到银行转来的进账单"收账通知"联（确认收到货款）后，在商品

出库单上签名并加盖财务结算章，留下"财务记账"联；"提货单（仓库记账）"联交购货单位作为提货的凭证；"业务记账"联交销售业务员记账。

销售单位业务员： 根据商品出库单"业务记账"联登记业务进销存账的"实发数"。

四、销售单位开具销售货物的增值税专用发票

销售单位开票员： 填制增值税专用发票，一式四联（复写），签名并加盖发票专用章，留下"存根联"，其余三联交负责复核的会计人员复核。

复核人员： 审核无误后签名，将"发票联"和"抵扣联"交购货单位；在"记账联"加盖财务结算章后，作为确认销售的原始凭证。

购货单位业务员： 根据增值税专用发票填制商品入库单，一式四联（复写），签名并加盖业务专用章后，留下"存根"联，据以登记"业务进销存账"的"应收数"，其余三联交仓库保管员据以验收商品，然后将增值税专用发票的"发票联"和"抵扣联"交给会计员。

五、购货单位办理托运

购货单位业务员： 持"提货单"到运输公司委托运输。

运输公司业务员： 填制托运单，一式四联（复写），经双方签名并加盖公章后，留下"存根"联，其余三联交给会计员办理收款手续。

运输公司会计员： 审核无误后，通知托运单位支付运费。

购货单位相关人员： 办理支付运费手续。具体处理方法与购货单位支付货款相同。

运输公司会计员： 收到银行转来的进账单"收账通知"联（确认收到货款）后，在托运单上加盖收款戳记，留下第三联（财务留存）备查，将第二联（托运人留存）交托运单位留存，第四联（回执）交给业务员。同时，托运单位业务员将提货单交给受托方业务员，以便提货、送货。

运输公司开票员： 开具货物运输业增值税专用发票，一式四联，签名后留下存根联，将其余三联交给会计员复核。

复核人员： 审核无误后签名；将"抵扣联"和"发票联"交托运单位；在"记账联"上加盖财务结算章后，作为确认运费收入的原始凭证。

六、提货、发货、送货

运输公司业务员： 填制送货单，一式三联，签名并加盖"业务专用章"；留下存根，将第2~3联及"提货单"交给提运员。

运输公司提运员： 持"提货单"到装货地点（销售单位仓库）提货。

销售单位仓库保管员： 将货物交给运输公司送货人员点收，由送货人员在"提货单"上签字确认后收回，据以登记"实物保管账"。

运输公司提运员： 提取货物后送往卸货地点（购货单位仓库）交货。

购货单位保管员： 验收货物后，在送货单上签字确认；同时，在商品入库单上填制实收数，签名后交给会计人员。

运输公司提运员： 留下送货单第三联（提运人留存），将第二联（回执）交给公司业务员。

七、购货单位会计人员结算货款，业务员、保管员记账

购货单位会计员： 经审核无误，计算并填写商品入库单的货款金额，交复核人员复核。

复核人员： 经审核无误，签名并加盖财务结算章，留下"财务记账"联，"业务记账"联交业务员记账，"仓库记账"联交保管员记账。

购货单位业务员： 根据商品入库单"业务记账"联登记"业务进销存账"的"实收数"。

购货单位保管员： 根据商品入库单"仓库记账"联登记"实物保管账"。

八、将采购完成的商品销售给代理公司

销售单位业务员： 填制商品出库单，一式四联（复写），签名并加盖业务专用章，留下"存根"联，据以登记"业务进销存账"的"计划数"，其余三联交仓库保管员点验商品。

销售单位仓库保管员： 点验核实商品后填写实发数，一式三联（复写），签名后一起交会计员结算。

销售单位会计员： 计算并填写货款金额，一式三联（复写），签名并加盖财务结算章；留下"财务记账"联；"提货单（仓库记账）"联交业务员（代收购单位提货）作为提货的凭证；"业务记账"联交销售业务员记账。

销售单位开票员： 填制增值税专用发票，一式四联（复写），签名并加盖发票专用章，留下"存根联"，其余三联交负责复核的会计人员复核。

复核人员： 审核无误后签名，将填制增值税专用发票"发票联"和"抵扣联"交给业务员（代收购单位领取）；在"记账联"加盖财务结算章后，作为确认销售的原始凭证。

销售单位业务员：

（1）根据商品出库单"业务记账"联登记"业务进销存账"的"实发数"。

（2）持"提货单"到仓库提取货物。

（3）将填制的增值税专用发票的"发票联""抵扣联"和货物送代理公司办理收款手续。

代理公司业务员： 根据增值税专用发票填制商品入库单，一式四联（复写），签名并加盖业务专用章后，留下"存根"联，据以登记"业务进销存账"的"应收数"，其余三联交仓库保管员据以验收商品；然后将增值税专用发票的"发票联"和"抵扣联"交给会计员。

代理公司保管员： 验收商品，填写商品入库单的"实收数"，签名后交给会计人员。

代理公司会计员： 经审核无误，计算并填写商品入库单的货款金额，签名后交复核人员复核。

复核人员： 经审核无误，签名并加盖财务结算章，留下"财务记账"联，"业务记账"联交业务员记账，"仓库记账"联交保管员记账。

代理公司业务员： 根据商品入库单的"业务记账"联登记"业务进销存账"的"实收数"。

代理公司保管员： 根据商品入库单的"仓库记账"联登记"实物保管账"。

代理公司相关人员： 办理支付货款手续。具体处理方法与购货单位支付货款相同。

附录 E 商品经营综合实训考评办法

一、商品流通企业（不含代理公司）

（一）计分标准

1. 准备工作共100分，具体如表E-1所示。

表E-1　准备工作阶段评分标准（商品流通企业）

序号	项　目	标准分	序号	项　目	标准分
1	银行开户及预留印鉴	4	5	实物保管账建账	20
2	银行存款日记账建账	4	6	业务进销存账建账	20
3	总账建账	20	7	核对期初库存商品	12
4	库存商品明细账建账	20		合　计	100

2. 购进业务：①办理购进业务，每笔1分；②购进额，每万元0.2分。

3. 销售给代理公司业务：①办理销售业务，每笔1分；②销售额，每万元0.1分；③销售利润，每万元10分。

4. 销售原有库存业务：①办理销售业务，每笔1分；②销售额，每万元0.2分；③利润，每万元10分。

5. 期末工作共100分，具体如表E-2所示。

表E-2　期末工作阶段评分标准（商品流通企业）

序号	项　目	标准分	序号	项　目	标准分
1	期末库存商品盘点	20	8	计提固定资产折旧	4
2	计提应付职工工资	4	9	计提应交城市维护建设税	4
3	计提职工福利费	4	10	计提应交教育费附加	4
4	计提工会经费	4	11	计提盈余公积	4
5	计提职工教育经费	4	12	登记总账	20

序号	项　目	标准分	序号	项　目	标准分
6	计提短期借款利息	4	13	编制会计报表	20
7	计提银行存款利息	4	合　计		100

（二）评分办法

1. 准备工作

各公司应按照准备工作的要求完成各项工作，并提交审核。

（1）准备工作应在实训第一天上午11:00前完成并提交考评人员审核评分。未按时完成或审核未通过工作项目，各公司必须及时更正或补充完成。各公司必须完成准备工作的全部项目并经审核通过后，才能参与商品交易。

（2）各公司准备工作完成后，将完成的相关工作按项目顺序整理后交考评人员审核评分。

（3）考评人员应根据各公司的提交时间和计分标准评分，具体评分办法如下：

8:30—11:00完成并审核通过的项目（以提交时间为准，下同）计满分；

14:30—16:00完成并审核通过的项目按满分的50%计分；

16:00以后完成并审核通过的项目按满分的20%计分。

2. 商品采购业务

购进业务必须按客户求购订单规定的要求采购，按照要求办理相关手续，完成全部工作内容，并取得或填制全部原始凭证和记账凭证，登记账簿。

（1）购进业务完成后，应填制"采购业务评分表"（见表E-3），并与相关资料一起提交考评人员审核。相关资料如下。

①购销合同；

②记账凭证及附件，附件包括支付货款和支付运费的付款申请表、支付货款和支付运费的转账支票（存根）、支付货款和支付运费的进账单（回单）、增值税专用发票（发票联、抵扣联）、运输发票（发票联、抵扣联）、商品入库单（财务记账联）；

③"库存商品明细账"；

④"业务进销存账"及入库单（存根联、业务记账联）；

⑤"实物保管账"及入库单（仓库记账联）。

（2）考核人员根据"采购业务评分表"及相关资料逐笔、逐项检查其工作内容完成情况及其正确性，并按规定评分。手续不全（票据及工作内容不全）的暂不予计分，应退回原单位更正或补充后重新提交审核。

单位名称（编号）：

表E-3 采购业务评分表

年　月　金额单位：元

序号	订单编号	日期	供货单位（编号）	商品名称	型号规格	计量单位	数量	进货单价（含税）	进货成本		订单求购单价	预计销售收入		运输里程（千米）	运　杂　费				其他流通费用	预计毛利（十、一）	分数	审核人
									单价	金额		单价	金额		运输费用	其他费用	运杂费小计					
1																						
2																						
3																						
4																						
5																						

注：① "预计售价" 为不含税单价，应根据 "求购订单的单价" 换算（含税售价÷1.17）。

② 预计毛利＝预计售价（金额）－进货成本（金额）－运杂费。

③ "其他流通费用" 按商品的不含税进价的1%计算。

④ 计分标准：办理购进业务，每笔1分；购进额，每万元0.2分。

3. 销售给代理公司的销售业务

按求购订单采购完成的商品，应按照规定销售给发出求购订单的代理公司，同时按要求办理相关手续，并取得或填制全部原始凭证和记账凭证，登记账簿。

（1）销售业务完成后，应填制"销售业务评分表（销售给代理公司）"（见表E-4），并与相关资料一起提交考评人员审核。相关资料如下。

①记账凭证及附件，附件包括进账单（收账通知联）、增值税专用发票（记账联）、商品出库单（财务记账联）；

②"库存商品明细账"；

③"业务进销存账"及出库单（存根联、业务记账联）；

④"实物保管账"及出库单（仓库记账联）。

（2）考核人员根据"销售业务评分表"及相关资料逐笔、逐项检查其工作内容完成情况及其正确性，并按规定评分。手续不全（票据及工作内容不全）的暂不予计分，应退回原单位更正或补充后重新提交审核。

4. 销售原有库存业务

销售原有库存业务，应按照规定完成全部工作内容，并取得或填制全部原始凭证和记账凭证，登记账簿。

（1）销售业务完成后，应填制"销售业务评分表（销售原有库存部分）"（见表E-5），并与相关资料一起提交考评人员审核。相关资料如下。

①购销合同；

②记账凭证及附件，附件包括进账单（收账通知联）、增值税专用发票（记账联）、商品出库单（财务记账联）；

③"库存商品明细账"；

④"业务进销存账"及出库单（存根联、业务记账联）；

⑤"实物保管账"及出库单（仓库记账联）。

（2）考核人员根据"销售业务评分表"及相关资料逐笔、逐项检查其工作内容完成情况及其正确性，并按规定评分。手续不全（票据及工作内容不全）的暂不予计分，应退回单位更正或补充后重新提交审核。

5. 期末工作

各单位应按照期末工作的规定要求完成各项工作，并提交审核。

（1）期末工作应在实训最后一天的上午11:00前完成并提交考评人员审核评分。未按时完成或审核未通过工作项目的，各单位应及时更正或补充完成。

（2）各单位期末工作完成后，将完成的相关工作按项目顺序整理后交考评人员审核评分。

（3）考评人员应根据各单位的提交时间和计分标准评分，具体评分办法如下：

8:30—11:00完成并审核通过的项目计满分；

14:30—15:00完成并审核通过的项目按满分的50%计分；

15:00—15:30以后完成并审核通过的项目按满分的20%计分；

15:30以后完成的项目不计分。

表E-4 销售业务评分表

单位名称（编号）：

金额单位：元　　　　年　月

序号	日期	订单编号	商品名称	型号规格	供货单位（编号）	计量单位	数量	销售单价（含税）	销售收入		进货单价（含税）	进货成本		运杂费				其他流通费用	利润（＋、－）	分数	审核人
									单价	金额		单价	金额	运输里程（千米）	运输费用	其他费用	小计				
1																					
2																					
3																					
4																					

注：① "其他流通费用"按商品的不含税进价的1%计算。

② 利润＝售价收入（金额）－进货成本（金额）－运杂费－其他流通费用。

③ 计分标准：办理销售业务，每笔1分；销售额，每万元0.1分；利润，每万元10分。

表E-5 销售业务评分表

单位名称（编号）：

金额单位：元　　　　年　月

序号	日期	商品编号	商品名称	型号规格	购货单位（编号）	计量单位	数量	销售单价（含税）	销售收入		进货成本		其他流通费用	利润（＋、－）	分数	审核人
									单价	金额	单价	金额				
1																
2																
3																
4																

注：① "其他流通费用"按商品的不含税进价的1%计算。

② 利润＝售价收入（金额）－进货成本（金额）－其他流通费用。

③ 计分标准：办理销售业务，每笔1分；销售额，每万元0.2分；利润，每万元10分。

（三）总分计分办法

1. 采购业务、销售业务（包括销售给代理公司），按实际得分计算各公司的合计得分，然后以得分最高的公司为100分，其他公司按实际得分折合成百分制的分数，然后按70%计入总分，计算公式如下：

某公司百分制分数＝该公司实际得分÷得分最高公司的分数

某公司计入总分的分数＝该公司百分制分数×70%

2. 准备工作阶段按实际得分的12%计入总分，计算公式如下：

某公司计入总分的分数＝该公司实际得分×12%

3. 期末工作阶段按实际得分的18%计入总分，计算公式如下：

某公司计入总分的分数＝该公司实际得分×18%

二、运输公司

（一）计分标准

1. 准备工作共100分，具体如表E-6所示。

表E-6　准备工作阶段评分标准（运输公司）

序号	项　　目	标准分
1	银行开户及预留印鉴	20
2	总账建账	70
3	银行存款日记账建账	10
	合　　计	100

2. 办理运输业务。

（1）办理运输业务，每笔1分。

（2）运费收入，每万元10分。

3. 期末工作共100分，具体如表E-7所示。

表E-7　期末工作阶段评分标准（运输公司）

序号	项　　目	标准分	序号	项　　目	标准分
1	计提应付职工工资	6	8	计提应交城市维护建设税	6
2	计提职工福利费	6	9	计提应交教育费附加	6
3	计提工会经费	6	10	计提盈余公积	6
4	计提职工教育经费	6	11	登记总账	20
5	登记"银行存款日记账"	6	12	编制会计报表	20
6	计提银行存款利息	6			
7	计提固定资产折旧	6		合　　计	100

（二）评分办法

1. 准备工作

各公司应按照准备工作的要求完成各项工作，并提交审核。

（1）准备工作应该在实训第一天上午11:00前完成并提交考评人员审核评分。未按时完成或审核未通过工作项目，各公司必须及时更正或补充完成。各公司必须完成准备工作的全部项目并经审核通过后，才能参与运输业务。

（2）各公司准备工作完成后，将完成的相关工作按项目顺序整理后交考评人员审核评分。

（3）考评人员应根据各公司的提交时间和计分标准评分，具体评分办法如下：

8:30—11:00完成并审核通过的项目计满分；

14:30—16:00完成并审核通过的项目按满分的50%计分；

16:00以后完成并审核通过的项目按满分的20%计分。

2. 运输业务

运输业务必须按照规定的收费标准、运输里程收费，并按要求办理相关手续，完成全部工作内容，并取得或填制全部原始凭证和记账凭证，登记账簿。

（1）运输业务完成后，必须填制"运输业务评分表"（见表E-8），并与相关资料一起提交考评人员审核。相关资料如下。

①公路运输托运单（回执联，并经收货单位签收货物）；

②记账凭证及附件，附件包括进账单（收账通知联）、运输发票（记账联）；

③"银行存款日记账"。

表E-8 运输业务评分表

单位名称（编号）： 　　　　年　　月　　　　　　　　　　　　金额单位：元

序号	日期	商品名称	计量单位	数量	货物单价	销货单位编号	购货单位编号	运输里程	单位运价（元/千米）	运输费	分数	审核人
1												
2												
3												

注：①"单位运价"＝货物单价（含税）×0.4‰。

②运输费＝单位运价×运输里程×数量。

（2）考核人员根据"运输业务评分表"及相关资料逐笔、逐项检查其工作内容完成情况及其正确性，并按规定评分。手续不全（票据及工作内容不全）的暂不予计分，应退回单位更正或补充后重新提交审核。

3. 期末工作

各单位应该按照期末工作的规定要求完成各项工作，并提交审核。

（1）期末工作应在实训最后一天的上午11:00前完成并提交考评人员审核评分。未按时完成或审核未通过工作项目的，各单位应该及时更正或补充完成。

（2）各单位期末工作完成后，将完成的相关工作按项目顺序整理后交考评人员审核评分。

（3）考评人员应根据各公司的提交时间和计分标准评分，具体评分办法如下：

8:30—11:00完成并审核通过的项目计满分；

14:30—15:00完成并审核通过的项目按满分的50%计分；

15:00—15:30以后完成并审核通过的项目按满分的20%计分；

15:30以后完成的项目不计分。

三、代理公司

（一）计分标准

1.准备工作共100分，具体如表E-9所示。

表E-9 准备工作阶段评分标准（代理公司）

序号	项目	标准分
2	银行开户及预留印鉴	20
3	总账建账	70
4	银行存款日记账建账	10
	合　计	100

2.办理代理收购业务。

（1）办理购进业务，每笔1分。

（2）购进额，每万元0.1分。

3.期末工作100分，具体如表E-10所示。

表E-10 期末工作阶段评分标准（代理公司）

序号	项目	标准分	序号	项目	标准分
1	期末库存商品盘点	24	8	计提固定资产折旧	4
2	计提应付职工工资	4	9	计提应交城市维护建设税	4
3	计提职工福利费	4	10	计提应交教育费附加	4
4	计提工会经费	4	11	登记总账	20
5	计提职工教育经费	4	12	编制会计报表	20
6	计提短期借款利息	4			
7	计提银行存款利息	4		合　计	100

（二）评分办法

1.准备工作

各公司应按照准备工作的要求完成各项工作，并提交审核。

（1）准备工作应在实训第一天上午11:00前完成并提交考评人员审核评分。未按时完成或审核未通过工作项目的，各公司必须及时更正或补充完成。各公司必须完成准备工作的全部项目并经审核通过后，才能参与代理收购业务。

（2）各公司准备工作完成后，将完成的相关工作按项目顺序整理后交考评人员审核评分。

（3）考评人员应根据各公司的提交时间和计分标准评定得分，具体评分办法如下：

8:30—11:00完成并审核通过的项目计满分；

14:30—16:00完成并审核通过的项目按满分的50%计分；

16:00以后完成并审核通过的项目按满分的20%计分。

2.代理收购业务

代理收购业务必须按照求购订单的要求（品名、型号、规格、数量、单价）收购商品，并按要求办理相关手续，完成全部工作内容，并取得或填制全部原始凭证和记账凭证，登记账簿。

（1）收购业务完成后，必须填制"商品收购明细表"（见表E-11），并与相关资料一起提交考评人员审核。相关资料如下。

①记账凭证及附件，附件包括付款申请表、转账支票（存根）、进账单（回单）、增值税专用发票（发票联、抵扣联）、商品入库单（财务记账联）；

②"库存商品明细账"；

③"实物保管账"及入库单（仓库记账联）。

表E-11　商品收购业务评分表

单位名称（编号）：　　　　　　　　　　　　　　　　　　　　　　　　　年　　月　　金额单位：元

序号	日期	供货单位编号	商品名称	型号、规格	计量单位	数量	含税进价	进货成本		分数	审核人
								单价	金额		
1											
2											
3											

注：①"含税进价"为"求购订单的单价"。

②进货成本按取得的增值税专用发票中的单价和金额填列。

（2）考核人员根据"商品收购明细表"及相关资料逐笔、逐项检查其工作内容完成情况及其正确性，并按规定评分。手续不全（票据及工作内容不全）的暂不予计分，应退回公司更正或补充后重新提交审核。

3.期末工作

各公司应按照期末工作的要求完成各项工作，并提交审核。

（1）期末工作应在实训最后一天的上午11:00前完成并提交考评人员审核评分。未按时完成或审核未通过工作项目的，各公司应及时更正或补充完成。

（2）各单位期末工作完成后，将完成的相关工作按项目顺序整理后交考评人员审核评分。

（3）考评人员应根据各公司的提交时间和计分标准评分，具体评分办法如下：

8:30—11:00完成并审核通过的项目计满分；

14:30—15:00完成并审核通过的项目按满分的50%计分；

15:00—15:30以后完成并审核通过的项目按满分的20%计分；

15:30以后完成的项目不计分。

四、银行营业机构

（一）计分标准

1.准备工作共100分，具体如表E-12所示。

表E-12　准备工作阶段评分标准（银行）

项　目	标准分
办理各公司预留印鉴	40
开设各公司活期存款账户	30
开设各公司短期贷款账户	30
合　　计	100

2.办理银行业务

（1）办理支付结算业务，每笔2分。

（2）办理转账存款业务，每笔1分。

（3）办理贷款发放业务，每笔2分。

（4）办理贷款收回业务，每笔2分；贷款收回金额，每10万元1分。

3.期末工作100分，具体如表E-13所示。

表E-13　期末工作阶段评分标准（银行）

序号	项　目	标准分
1	与各公司对账	40
2	计付各公司存款利息	30
3	计收各公司短期贷款利息	30
	合　　计	100

（二）评分办法

1.准备工作

各银行营业机构应按照准备工作的要求完成各项工作，并提交审核。

（1）准备工作应在实训第一天11:00前完成并提交考评人员审核评分。未按时完成或审核未通过工作项目的，各公司必须及时更正或补充完成。各公司必须完成准备工作的全部项目并经审核通过后，才能参与办理日常营业。

（2）各公司准备工作完成后，将完成的相关工作按项目顺序整理后交考评人员审核评分。

（3）考评人员应根据各公司的提交时间和计分标准评定得分，具体评分办法如下：

8:30—11:00完成并审核通过的计满分；

14:30—16:00未完成的，每缺一个公司扣5分（本项扣完为止）；

16:00以后未完成的（以提交时间为准），每缺一个公司扣10分（本项扣完为止）。

2.办理业务

银行营业机构必须按照要求办理相关业务，完成全部工作内容，并取得或填制全部原始凭证、登记账簿。

（1）业务办理完成后，应将相关资料提交考评人员审核。提交资料如下。

①支付结算业务：转账支票（盖印鉴）、公司活期存款明细账。

②转账存款业务：进账单（贷方凭证）、公司活期存款明细账。

③贷款发放业务：借款申请书、贷款借据（借方凭证）、贷款借据（贷方凭证）、公司短期贷款明细账、公司活期存款明细账。

④贷款收回业务：贷款还款凭证（借方凭证）、贷款还款凭证（贷方凭证）、公司短期贷款明细账、公司活期存款明细账。

（2）考核人员根据提交的相关资料逐笔、逐项检查其工作内容完成情况及其正确性，并按规定评分。手续不全（票据及工作内容不全）的暂不予计分，应退回单位更正或补充后重新提交审核。

3. 期末工作

各公司应按照期末工作的要求完成各项工作，并提交审核。

（1）期末工作应在实训最后一天的上午11:00前完成并提交考评人员审核评分。未按时完成或审核未通过工作项目的，各公司应及时更正或补充完成。

（2）各公司期末工作完成后，将完成的相关工作按项目顺序整理后交考评人员审核评分。

（3）考评人员应根据各公司的提交时间和计分标准评定得分，具体评分办法如下：

8:30—11:00完成并审核通过的项目计满分；

14:30—15:00完成并审核通过的项目按满分的50%计分；

15:00—15:30以后完成并审核通过的项目按满分的20%计分；

15:30以后完成的项目不计分。

成绩评定

一、成绩评定

实训成绩分为优秀、良好、及格、不及格四个等级，按个人得分划分，86分以上为优秀，76～85分为良好，60～75分为及格，60分以下为不及格。个人得分由基本分和加分、减分构成。个人得分计分方法如下。

（一）基本分

以实训公司得分为计分基数。

1. 商品流通企业总分排名在10%以前的，每人计基本分95分；公司总分排名在11%～30%的，每人计基本分85分；公司总分排名在31%～60%的，每人计基本分70分；公司总分排名在61%～90%的，每人计基本分60分；公司总分排名在91%之后的，每人计基本分50分。

2. 运输公司、代理公司、银行各自排名在25%以前的，每人计基本分95分；各自排名在26%～50%的，每人计基本分85分；各自排名在51%～75%的，每人计基本分70分；各自排名在76%之后的，每人计基本分60分。

（二）加分

1. 获团体一等奖的公司，每人加15分。

2. 获团体二等奖的公司，每人加10分。

3. 获团体三等奖的公司，每人加5分。

4. 获优秀经理的个人，加30分。

5. 获优秀员工的个人，加30分。

6. 遵守实训纪律，坚守工作岗位，工作态度好、业绩良好的，加10～29分（已获第4、5项加分的除外）。

（三）减分

1. 态度不端正、恶意破坏正常经营秩序的，扣10～30分。
2. 工作不认真、不主动，态度恶劣的，扣10～20分。
3. 不遵守纪律，旷课每节扣20分；迟到、早退每次扣5分。

以上通过加分、减分项目后，各人的最后得分最高分以100分为限，最低分以0分为限。

二、奖项设置

团体一等奖：公司总数（含运输公司、代理公司、银行，下同）的5%～10%。
团体二等奖：公司总数的10%～20%。
团体三等奖：公司总数的15%～30%。
优秀经理（含部门经理）：经理总人数的10%～20%。
优秀员工：员工总人数的10%～20%。

三、评选条件

（一）团体奖的评选条件

1. 坚持诚实守信、文明经商。
2. 团结协作，团队精神突出。
3. 业务处理正确、规范。
4. 遵守实训纪律，没有违纪现象。
5. 总分排名靠前（按参与实训的公司总数）。

（二）优秀经理评选条件

1. 坚持诚实守信、文明经商。
2. 工作积极肯干，责任心强，能带动本公司（部门）认真完成各项工作任务。
3. 业务熟悉，工作质量好，本公司（部门）工作业绩良好。
4. 遵守实训纪律，坚守工作岗位。

（三）优秀员工评选条件

1. 态度端正，工作积极主动。
2. 业务熟悉，工作质量好，工作业绩突出。
3. 遵守实训纪律，坚守工作岗位。

各单位对照以上条件提出1～2个候选人，由实训指导老师审核选定。

反侵权盗版声明

电子工业出版社依法对本作品享有专有出版权。任何未经权利人书面许可，复制、销售或通过信息网络传播本作品的行为；歪曲、篡改、剽窃本作品的行为，均违反《中华人民共和国著作权法》，其行为人应承担相应的民事责任和行政责任，构成犯罪的，将被依法追究刑事责任。

为了维护市场秩序，保护权利人的合法权益，我社将依法查处和打击侵权盗版的单位和个人。欢迎社会各界人士积极举报侵权盗版行为，本社将奖励举报有功人员，并保证举报人的信息不被泄露。

举报电话：（010）88254396；（010）88258888

传　　真：（010）88254397

E-mail：　dbqq@phei.com.cn

通信地址：北京市万寿路 173 信箱

　　　　　电子工业出版社总编办公室

邮　　编：100036